異文化コミュニケーションのための日本語会話

跨文化交际日语会话
解析与答案

主　编　刘劲聪
副主编　［日］渡边直子
参　编　［日］桥本司　野原耕平　浅井康子
翻　译　朱　萍　李列珊
插　图　赵子禹

北京大学出版社
PEKING UNIVERSITY PRESS

图书在版编目(CIP)数据

跨文化交际日语会话.解析与答案/刘劲聪主编.—北京：北京大学出版社,2012.11
ISBN 978-7-301-21343-8

Ⅰ.①跨… Ⅱ.①刘… Ⅲ.①日语－口语－自学参考资料 Ⅳ.①H369.9

中国版本图书馆 CIP 数据核字(2012)第 236471 号

书　　　名：跨文化交际日语会话·解析与答案
著作责任者：刘劲聪　主编
责任编辑：兰　婷
标准书号：ISBN 978-7-301-21343-8/H·3155
出版发行：北京大学出版社
地　　　址：北京市海淀区成府路 205 号　100871
网　　　址：http://www.pup.cn
电　　　话：邮购部 62752015　发行部 62750672　编辑部 62767347　出版部 62754962
电子信箱：lanting371@163.com
印　刷　者：北京大学印刷厂
经　销　者：新华书店
　　　　　　787 毫米×1092 毫米　16 开本　11.25 印张　180 千字
　　　　　　2012 年 11 月第 1 版　2012 年 11 月第 1 次印刷
定　　　价：32.00 元(配有光盘)

未经许可，不得以任何方式复制或抄袭本书之部分或全部内容。
版权所有，侵权必究
举报电话：(010)62752024　电子信箱：fd@pup.pku.edu.cn

序　言

　　本教材主要针对中级程度的学习者，通过搜罗并改正日语学习者在实际生活中常犯的错误作为素材来编写的，是以提高学习者会话能力和跨文化交流能力为主要目的的新型教材。分《跨文化交际日语会话》和《跨文化交际日语会话解析与答案》两本。

　　编排这本教材最初的契机是因为在日语口语课的交流过程中，老师们都能意会中国学生传达的意思，但是他们的表达总是不地道。这种不地道恐怕不仅仅是因为汉语和日语语言上的不同，而应该认识到要是换成日本人，就不会这样去表达等细节原因所导致的。因此，我们开始思考怎样才能使表达变得地道，并以构建顺畅的跨文化交流为目标开始了探索。我们一直致力于改正中日语直译和中译日后表达过于直接而产生误解的表达方式，这也是以前的教材不怎么使用的方法。

　　本教材是由旅居日本超过15年,精通日本文化的中国人和长期在中国生活的中日通共同完成的。从2007年的9月份开始，编者每周进行一次讨论，并在电脑上做了完整的内容记录。2009年3月，我们在多次讨论修改的基础上开始在课堂上使用试用本。此外，在教材的使用过程中不断地收集更新在课堂上出现的新问题。

　　教材的正文是以派遣到中国的驻在员田中夫妇和中国学生小李之间进行跨文化交流的趣事为线索，有步骤地展开的。因此，学习这套教材的人能最大限度地学到真实度较高的内容。

　　编写教材是一项需要花费精力才能做出精品的工作。虽然我们在编写这本教材的时候，花费了大量的时间和精力，却远远没有达到理想的程度。在往后的日子里，我们将在此基础上，不断摸索更新，编写出更好的教材。

　　本教材为普通高等教育广东外语外贸大学"十二五"校级规划教材。

　　最后，衷心感谢在编辑过程中提供了宝贵意见和帮助的北京大学出版社的兰婷女士。

2012年7月
全体编者

教材特色

和以前的课本不同,本书从学习者误用日语的案例中取材,并指出和改正其中的误用之处,极具新意。

会话练习并不同于以往的识记固定会话场景,而是以在和日本人的交流中能够实际运用的内容来进行课程编排。

相应的课后练习包含角色扮演和填空等类型,形式多样而充实。

本书也囊括了日语学习者必须掌握的跨文化交流的知识,如日本人的思维方式、礼仪等。

以可爱的插图来展现的主人公小李,在和田中夫妇的对话中虽然出现了失误,但也取得了进步,形成独特而有趣味的会话内容。

主要的登场人物

小李（在中国的大学学习日语的女大学生　20岁）
田中先生（日本企业派往中国工作的职员　35岁）
洋子（田中先生的妻子　30岁）

目　录

第一课　　访问日本人家庭　　　　　　　　　　　　　　　　1

第二课　　日本餐厅　　　　　　　　　　　　　　　　　　　9

第三课　　学做中国菜　　　　　　　　　　　　　　　　　　21

第四课　　探病　　　　　　　　　　　　　　　　　　　　　29

第五课　　温泉旅行　　　　　　　　　　　　　　　　　　　36

第六课　　游览家乡　　　　　　　　　　　　　　　　　　　44

第七课　　留学签证和海关　　　　　　　　　　　　　　　　52

第八课　　情感天地　　　　　　　　　　　　　　　　　　　62

第九课　　商务电话　　　　　　　　　　　　　　　　　　　69

第十课　　面试　　　　　　　　　　　　　　　　　　　　　77

第十一课　　生日派对　　　　　　　　　　　　　　　　　　86

第十二课　　参观学校　　　　　　　　　　　　　　　　　　95

第十三课　　介绍朋友　　　　　　　　　　　　　　　　　　103

第十四课　　送别　　　　　　　　　　　　　　　　　　　　110

附录一　　错例解析　　　　　　　　　　　　　　　　　　　119

附录二　　对话范例　　　　　　　　　　　　　　　　　　　150

编者简历　　　　　　　　　　　　　　　　　　　　　　　　170

第一课　访问日本人家庭

（玄関で）

洋子さん：あら李さん、いらっしゃい。

李さん　：こんにちは。

洋子さん：こちらは主人です。

李さん　：初めまして、李です。田中さんを見えて嬉しいと思います。1

田中さん：初めまして、田中雅彦と申します。こちらこそ家内がいつもお世話になっております。

李さん　：いいえ、たいしたことないです。2

田中さん：本当によくいらしてくれましたね。家内からよく李先生のことを聞いていたので、ずっとお会いしたかったです。

李さん　：これは田舎から連れたお菓子です、つまらないものだ。どうぞ、食べましょう。3

洋子さん：まあ、ご丁寧に恐れ入ります、さあ、どうぞ、お上がりください。

このスリッパをお使いください。
李さん　：かわいいスリッパですね。靴下のままで着てもいいですか。それとも靴を取らなければなりませんか。4
洋子さん：ええ、そのままでけっこうですよ、さあ、どうぞ。
李さん　：じゃあ、入ります。5

（茶の間で）
田中さん：どうぞ、こちらに。
洋子さん：どうぞ、お楽になさってください。
李さん　：田中さんのお宅はちゃんと片付いていて、立派で、6きれいですね。私の部屋はばらばらになっていますよ7。
洋子さん：さぁ、コーヒー、それとも紅茶になさいますか。日本茶もありますよ。
李さん　：お茶はいいよ。8
洋子さん：まあ、中国の方が日本茶が好きだなんて、嬉しいわ。
李さん　：私は日本文化について、少しでも興味が持っています。9
田中さん：そうですか。ところで家内の中国語は少しは上達しましたか。
李さん　：ええ、以前よりずっと発音がよくなったと思います。がんばっていらっしゃいますよ、洋子さんは。

（玄関でお別れ）
李さん　：そろそろお時間ですね。10

洋子さん：もっとゆっくりしていったらいかがですか。
李さん　：今日はどうも、招待をくれてありがとうございました。11
洋子さん：十分なおかまいもできませんでした。
李さん　：もう帰ります。12
洋子さん：またいらしてください。
李さん　：絶対来ます。13．
田中さん：今度、日本料理でもご馳走させてください。
李さん　：あの時はまたよろしくね。14
洋子さん：そうですね、美味しい日本料理の店を知っていますから、今度案内しますよ。
李さん　：期待しています。では、さよなら。15

【間違い例の解説】

1. 田中さんを見えて嬉しいと思います。
    →いつもお世話になっております。（「○○できて嬉しい/楽しい」というのは、英語の表現に影響を受けていると思われるが、一般的に日本人は相手に向かってそういう言い方をしない。「いつもお世話になっております。」というのは単に挨拶だけでなく、お礼の意味も含んでいる。）

2. いいえ、たいしたことないです。
    →いいえ、こちらこそ…。（相手に先にお礼を言われたときは「こちらこそ」を使う）

3. これは田舎から連れたお菓子です。つまらないものだ。どうぞ、食べましょう。
    →これは故郷から持ってきた生菓子です。つまらないものですが、どうぞ冷蔵庫に入れて、冷やしてお召し上がりください。
    （「連れてくる」は主に人間や動物などに使う。「つまらないものですが」はお土産やプレゼントなどを渡すときの一般的な表現。自分が買って持ってきたものでも、まず相手に丁寧な表現を使う。相手が一緒に食べましょうと言ってくれたらそれに従えばよい。）

4. 靴下のままで着てもいいですか。それとも靴下を取らなければなりませんか。
    →このまま履いてもよろしいのでしょうか。（「着る」は上の服を着るときに使い、「履く」は靴やズボン、スカートなどを身に着けるときに使う。帽子は「被る」、アクセサリーは「つける」や「する」などを使う。）

5. じゃあ、入ります。
    →それでは、お邪魔します。（「じゃあ」は初めて会う人に対して使うと、少々親しすぎる感じがする。「入（はい）る」とは言わず、「お邪魔します」。「お邪魔しま

す」は玄関を開けた時も靴を脱いで上がる時も使うことができる。）

6. <u>立派で、</u>
   →ご立派で（相手や相手の持ち物を褒めるとき、丁寧な表現の「ご」や「お」を付ける）

7. <u>私の部屋はばらばらになっていますよ。</u>
   →おはずかしいですが、私の部屋はとても散らかっています。（部屋の中がきちんと整頓されいる状態は「片付けられている」で、その反対に、部屋の中にいろいろなものが乱雑に広がっている状態は「散らかっている」という。自分の部屋が汚いと表現することで、相手の部屋の美しさを強調させる言い方。）

8. <u>お茶はいいよ。</u>
   →日本茶をお願いします。（「お茶はいいよ。」は「お茶はいらない」という意味になるため、相手を誤解させてしまう。いただく側が「いいよ」という言い方は主人に対して大変失礼にあたる。）

9. <u>少しでも興味が持っています。</u>
   →少し興味を持っています。「興味を持っています」（日本語を学んでいる学生の場合、日本のことに多少興味を持っていると思われているので、少しとわざわざ言わなくてもいい。「少しでも」とその後の「もっている」もうまく噛み合わない表現）

10. <u>そろそろお時間ですね。</u>
    →それでは、私はそろそろ。（「お時間ですね」というと、まるで相手に何か用事があるため自分は先に帰るという感じを与えてしまう。自分が先に席を立つ時には使えない。）

11. <u>今日はどうも、招待をくれてありがとうございました。</u>
    →今日は本当に楽しかったです。ありがとうございました。（「どうも」は非常によく使われるが、お礼を言う場合は素直にありがとうの方が気持ちが伝わりやすい。「招待をくれて」は文法的にも間違えだが、招待を使いたいならば「ご招待いただきましてありがとうございました」となる）

12. <u>もう帰ります。</u>
    →そろそろ失礼いたします。（「帰ります」は直接すぎるので「そろそろ…」だけでも帰る時間になったことを相手に伝えることができる。）

13. <u>絶対来ます。</u>
    →またお伺いさせていただきます。（絶対という表現は強すぎるため、また来たいという気持ちを表すなら「またお伺いさせていただきます」、「ぜひお伺いさせていただきたいです」などのほうが印象が良い。）

14. <u>あの時はまたよろしくね。</u>
    →ありがとうございます。（「またよろしくね」は友人同士ならかまわないが、この場

合目上の人に誘われているので、このような表現は相手に対する敬意がみられず、適当ではない。常に遠慮する気持ちを表現すべきで、素直にお礼を言えば良い。）

15. <u>期待しています。では、さよなら。</u>

→それでは楽しみにしています。今日は長い時間おじゃましました。（相手の好意に対して「期待している」というような言い方は無礼。おじゃました後、その家を出るときには「さよなら」とは言わず、「おじゃましました」、「失礼いたします」を使う。）

【モデル会話】

（玄関で）

洋子さん：あら李さん、いらっしゃい。
李さん　：こんにちは。
洋子さん：こちらは主人です。
李さん　：初めまして、李です。いつもお世話になっております。
田中さん：初めまして、田中雅彦と申します。こちらこそ家内がいつもお世話になっております。
李さん　：いいえ、こちらこそ…。
田中さん：本当によくいらしてくれましたね。家内からよく李先生のことを聞いていたので、ずっとお会いしたかったです。
李さん　：これは故郷から持ってきたお菓子です。つまらないものですがどうぞお召し上がりください。
洋子さん：まあ、ご丁寧に恐れ入ります、さあ、どうぞ、お上がりください。このスリッパをお使いください。
李さん　：かわいいスリッパですね。このまま履いてもよろしいのでしょうか。
洋子さん：ええ、そのままでけっこうですよ、さあ、どうぞ。
李さん　：それでは、お邪魔します。

（茶の間で）

田中さん：どうぞ、こちらに。
洋子さん：どうぞ、お楽になさってください。
李さん　：田中さんのお宅はちゃんと片付いていて、ご立派で、きれいですね。おはずかしいですが、私の部屋はとても散らかっています。
洋子さん：さぁ、コーヒー、それとも紅茶になさいますか。日本茶もありますよ。
李さん　：日本茶をお願いします。

洋子さん：まあ、中国の方が日本茶が好きだなんて、嬉しいわ。
李さん　：私は日本の文化について、興味を持っています。
田中さん：そうですか。ところで家内の中国語は少しは上達しましたか。
李さん　：ええ、以前よりずっと発音がよくなったと思います。がんばっていらっしゃいますよ、洋子さんは。

（玄関でお別れ）

李さん　：それでは、私はそろそろ。
洋子さん：もっとゆっくりしていったらいかがですか。
李さん　：今日は本当に楽しかったです。ありがとうございました。
洋子さん：十分なおかまいもできませんでした。
李さん　：そろそろ失礼いたします。
洋子さん：またいらしてください。
李さん　：またお伺いさせていただきます。
田中さん：今度、日本料理でもご馳走させてください。
李さん　：ありがとうございます。
洋子さん：そうですね、美味しい日本料理の店を知っていますから、今度案内しますよ。
李さん　：それでは楽しみにしています。今日は長い時間おじゃましました。

【練習問題模範解答】

1. 自分の将来のマイホームの間取りを説明してください。

    解答例：私は将来三階建ての大きな家に住みたいです。一階は玄関から入ると、すぐに洋間があって、家にお客さんが来た場合はそこで迎えます。洋間の隣にはダイニングキッチンがあって、いつもそこで家族団らんの食事をします。玄関にはきれいな絵を飾ったり、海外旅行に行った時のお土産を置いたりしたいです。二階はリビング、三階は寝室で、二階には大きなテレビを置いて、あたたかい雰囲気が出せるような壁の色にして、家族でくつろげる空間を作りたいです。三階には私と主人、子供の寝室があって、その隣にはお客さんが来てもいいように、もう一つ寝室を作りたいです。このような家に住めると最高です。

2. Aさんは中国から来た留学生です。初めて日本人のBさん宅を訪ねています。Bさん宅のことについて、Aさんはいろいろbさんに聞いてみてください。

    「（茶の間、客間に入ってから）」

A：Bさん、この家はきれいな家ですね。
B：いえいえ、そんなことないですけど。整理できなくて困っているんです。
A：大きい家は掃除なども大変ですよね。
B：はい、いつも半日ぐらいかかってしまいます。特に和室は畳の上を拭いたり、仏壇の掃除などもありますから、大変です。
A：そうですか。この家は元々Bさんの家だったんですか。
B：いいえ、うちは以前新宿区にあったのですが、家賃が高くて大変だったので、こちらの八王子市の方に移ってきたんです。
A：そうだったんですか。
B：こちらに移ってきて、交通の便は悪くなってしまいましたが、家賃と環境は以前と比べてだいぶ良くなりました。
A：Bさんのご主人はここから都の中心地へ通勤していらっしゃるんですね。
B：ええ。主人は通勤が以前より辛くなってしまいましたね。
A：私も将来Bさんのようにきれいで素敵な家に住みたいです。
B：いえいえ、とんでもないです。Aさんなら私たちよりもっと素晴らしい住まいに恵まれると思いますよ。
A：ははは、そうなればいいですけど。

3. Bさんは中国から来た留学生Aさんの大家さんです。AさんはBさんに玄関先で手土産を渡しながら、引っ越しの挨拶をしてください。

A：こんにちは、初めまして。私この度こちらへ引っ越してまいりました○○と申します。これからいろいろお世話になると思いますが、どうかよろしくお願いいたします。
B：○○さんですか。今日、来られたんですね。何か分からないことがあれば、いつでも言ってください。基本的な規則についてはアパートの掲示板に貼ってありますので、それを見てください。ゴミの日やその他の情報についても、すべて掲示板に張ってありますから。
A：そうですか。それはどうもありがとうございます。これはつまらないものですけど、今日のご挨拶代わりということで。
B：あらあら、それは悪かったですね。気を遣っていただき申し訳ありません。ありがたく頂戴いたします。今日はわざわざ御苦労さまでした。上がって一杯お茶でもいかがですか。
A：いえいえ、今日はご挨拶にお伺いしただけですので、これで失礼いたします。またの機会に大家さんの所へまいりますので、お気持ちだけでけっこうです。

B：そうですか。ぜひまた何かあれば、別に何もなくてもいいので、遊びにいらしてください。
　　A：はい、ありがとうございます。では、失礼します。
　　B：はい、お気をつけて。

4. 不動産屋で部屋を探すロールプレイ
　　A：あのう、すみません。
　　B：はい、いらっしゃいませ。
　　A：4万円以下のアパートを探しているんですけど。
　　B：そうですか。3万円以下のアパートですね…。この3万8千円のはどうですか。
　　A：あっ、安いですね。でも、トイレは共同ですか。
　　B：ええ、そうなりますね。
　　A：あのう、できたらトイレ付きの部屋のほうがいいんですけど。
　　B：でも、家賃が4万以下でトイレ付きはちょっと…。この4万8千円のはトイレもシャワーもありますよ。
　　A：うーん。でも、ちょっと高いですね。高くても4万円以下に抑えたいんですけど。
　　B：そうですか。すみませんが、その条件ですと、ちょっと難しいですね。
　　A：わかりました。じゃ、この3万8千円の部屋を見せてもらいたいのですが。
　　B：いいですよ。じゃ、今からご案内いたしましょうか。
　　A：ええ、お願いします。

第二课　日本餐厅

（店の入り口で）
店員さん：いらっしゃいませ。二人の方ですか。1
洋子さん：二人です。
店員さん：こちらを座ってください。2
洋子さん：ああ、ここは涼しくて気持ちがいいですね。ここにしましょうか。
李さん　：ええ、いいです。3でも、あちらのテーブルのほうが広いですよ。
洋子さん：ああ、そうですね。じゃ、あそこにしましょう。

（注文をする）
店員さん：これはメニューでございます。ご注文をしてください。4

洋子さん：今日はなんでも好きなものを注文してくださいね。
李さん　：私は何でもいいよ。5

洋子さん：李さんは魚料理と肉料理とどちらがいいですか。
李さん　：どっちでもいいです。6
洋子さん：そうですか。（店員に）あの、今日のおすすめ料理は何ですか。
店員さん：さしみの盛り合わせです。
洋子さん：それを一つお願いします。李さん、他に何か食べたいものがありますか。
李さん　：ええと、私は天ぷらでいいです。7でも日本料理はよく分からないので、適当に
　　　　　してください。8

（クレーム）
店員さん：やきとり盛り合わせです。
李さん　：あの、すみません、さしみの盛り合わせを忘れましたか。9
店員さん：そうでしたか。これは盛り合わせですが…。
李さん　：注文したのは、やきとり盛り合わせではないんですけど。
店員さん：ごめんなさい。10すぐに確認してきます。

（20分後）
洋子さん：すみません、注文した天ぷらまだですか。
店員さん：申し訳ございません。まだ来ませんか、すぐ送りします。11

店員さん：あのう、今から製造しますので、あと20分くらいかかるそうですが。12
李さん　：えっ、今から作るんですか。もう待ちませんよ。13

店員さん：本当に申し訳ございません。

（お勘定）
洋子さん：日本料理はどうでしたか。
李さん　：まあまあおいしかったです。14ごちそうさまでした。
洋子さん：お勘定お願いします。
店員さん：はい、ありがとうございます。少々お待ち下さい。
李さん　：今日は本当に誘ってくれて15ありがとうございました。とても楽しかったです。
　　　　　今度は私が中華料理をおごりますから、食べてつれていきましょう。16広州料
　　　　　理のレストランに案内させてください。
洋子さん：ありがとう。楽しみにしていますね。

【間違い例の解説】

1. 二人の方ですか。
   →何名様ですか。（お客さんの人数の数え方には決まりがある。1～2名のときは「お一人様」、「お二人様」が使える。そのほかに「一名様」という数え方もあり、これは3人以上のときは「三名様」、「十名様」のように使う）

2. こちらを座ってください。
   →こちらへどうぞ。（この場合、手などの身振りも必要になり、どこに座るかを指し示す）

3. いいです。
   →そうですね。（中国語の「好」をそのまま「いい」として使うと、その場にぴったり合わない場合がある。相手に同意する場合、終助詞の「ね」をつけて同意していること、つまり肯定的な意思を伝えたほうがよい）
   ☆「ね」は話し相手と共通の話題を持っているときや、同意や共感を表現する時によく使われる。ただし、安易な多用は軽々しい印象になるので避けたほうがよい。
   （例）①どうですか。李さん
   　　　　うん、いいです（ね）。
   　　②李さん、おすしでもいかがですか。
   　　　　はい、それはいいんです。（×）　それはいいですね。（○）
   （避けるべき例）相手にとって未知の話題のとき
   　　　　昨日の午後は何をしましたか。
   　　　　はい、映画を見に行きましたね。（×）

4. ご注文をしてください。
   →メニューをどうぞ。（お店に入ったとき店員は「買ってください、何を買いますか」とは聞かない。レストランでも同じように直接聞かずにやわらかく対応する。「何になさいますか」と聞いてもよい）

5. 何でもいいよ。
   →洋子さんにお任せしますので…。（この場合、相手の好意に対して「何でもいい」は「別にどれを食べたって変わらないんだからどれでもいい」という否定的な考え方として受け取られてしまうので、絶対に避けるべき言い方。他に「洋子さんにお任せいたします」、「洋子さんが決めてください」など、遠慮がちに話すようにしよう）

6. どっちでもいいです。
   →どちらかというと、〇〇の方が好きなんですが、洋子さんはいかがですか。（「どっちでもいい」は「何でもいい」に似て投げやりな感じを与えてしまうので、避けるべき。相手にAとBのどちらかを選ぶように言われたら、遠慮がちにどちらかを選んだ

り、逆に相手に聞いてみるのも良い）

7. <u>私は天ぷらでいいです。</u>
   →ではてんぷらを食べてみたいです。（「～してみたい」という「できるならやってみたい」という言い方は相手に好印象を与えることができ、また、この場合だと日本料理に興味がある様子がわかる。「～でいいです」は「たいしたものがないが、どれか選ぶならこれでいい」という意味にとれる）

8. <u>適当にしてください。</u>
   →おまかせします。（「適当」というのは場合によって「どれでもいい」、「どっちでもいい」というそれに対しては無関心というような感じに受け止められてしまうこともあるので、「あなたが決めてください」という意味で「お任せします」を使うとやんわりとした表現になる）

9. <u>を忘れましたか。</u>
   →だったと思うんですけど…。（相手が忘れてしまったことに直接「忘れたのか」と聞くと直接過ぎて相手にまったく余裕を与えられない上、相手に気の強い人だという余計な印象を与えてしまう。控えめに「～を頼んだ・～をお願いしたと思うんですが…」というほうがふさわしいだろう。

10. <u>ごめんなさい。</u>
    →申し訳ございません。（お客さんからクレームが出たとき、どんな状況にもかかわらず、まず「申し訳ございません」と詫びるのが常識。「ごめんなさい」は身近な人に謝るときに使うのでここでは不適当）

11. <u>まだ来ませんか、すぐ送りします。</u>
    →お待たせしてすみません。ただいま確認してまいります。（日本語の「送る」は自分の手元から何かが離れるとき使われる（手紙を送る、駅まで送る）ので、中国語の意味とは異なる場合がある）

12. <u>今から製造しますので、あと20分くらいかかるそうですが。</u>
    →大変申し訳ございません。こちらの手違いで、今からお作りいたしますので、あと20分ほどお待ちいただかなければならないのですが…。（まずこちらのミスであることを認めることが大事。「…くらいかかるそうだ」は遠いところからここまでくるのにかかる時間をまるで他人事のように言っているので、お客さんはもっと怒ってしまうだろう）

13. <u>もう待ちませんよ。</u>
    →もう食べ終わるところなのに…。（相手に文句を言いたいとき、あまりにはっきり言い過ぎず多少余裕を持ちたい。ご飯を食べ終わる時間になってもまだこないというような婉曲的な表現のほうがよいだろう）

14. <u>まあまあおいしかったです。</u>
    →どれもとてもおいしかったです。（招待してくれた人に「どうでしたか」と聞かれ「まあまあ」と答えるのは非常識。おいしくなかった場合でも工夫して「珍しいお料理でした」、「初めて食べたので新鮮な感じがしました」など多少なりとも感じのいい返事を心がけるべきだろう）

15. <u>誘ってくれて。</u>
    →お誘いいただいて（「～してくれる」ではなく「～していただく」という敬語を使って話すように努める。相手の年齢や職業、立場に関係なく、招待してくれた人に対して感謝を表すべき）

16. <u>私が中華料理をおごりますから、食べてつれていきましょう。</u>
    →私に中華料理をごちそうさせてください。ご一緒に行きたいお店がありますので（「おごる」というと「自分はあなたより立場が上だ」という意味にもとれるので目上の人には使えない。ただし友達や親しい人には「今日はわたしのおごりね」などと使うことができる）

【モデル会話】

（店の入り口で）
店員さん：いらっしゃいませ。何名様ですか。
洋子さん：二人です。
店員さん：こちらへどうぞ。
洋子さん：ああ、ここは涼しくて気持ちがいいですね。ここにしましょうか。
李さん ：ええ、そうですね。でも、あちらのテーブルのほうが広いですよ。
洋子さん：ああ、そうですね。じゃ、あそこにしましょう。

（注文をする）
店員さん：これはメニューでございます。メニューをどうぞ。
洋子さん：今日はなんでも好きなものを注文してくださいね。
李さん ：私は洋子さんにお任せしますので…。
洋子さん：李さんは魚料理と肉料理とどちらがいいですか。
李さん ：どちらかというと、魚の方が好きなんですが、洋子さんはいかがですか。
洋子さん：そうですか。（店員に）あの、今日のおすすめ料理は何ですか。
店員さん：さしみの盛り合わせです。
洋子さん：それを一つお願いします。李さん、他に何か食べたいものがありますか。

李さん　　：ええと、では天ぷらを食べてみたいです。でも日本料理はよく分からないので、おまかせします。

（クレーム）
店員さん　：やきとり盛り合わせです。
李さん　　：あの、すみません、さしみの盛り合わせだったと思うんですけど…。
店員さん　：そうでしたか。これは盛り合わせですが…。
李さん　　：注文したのは、やきとり盛り合わせではないんですけど。
店員さん　：申し訳ございません。すぐに確認してきます。

（20分後）
洋子さん　：すみません、注文した天ぷらまだですか。
店員さん　：申し訳ございません。お待たせしてすみません。ただいま確認してまいります。

店員さん　：あのう、大変申し訳ございません。こちらの手違いで、今からお作りいたしますので、あと20分ほどお待ちいただかなければならないのですが…。
李さん　　：えっ、今から作るんですか。もう食べ終わるところなのに…。
店員さん　：本当に申し訳ございません。

（お勘定）
洋子さん　：日本料理はどうでしたか。
李さん　　：どれもとてもおいしかったです。ごちそうさまでした。
洋子さん　：お勘定お願いします。
店員さん　：はい、ありがとうございます。少々お待ち下さい。
李さん　　：今日は本当にお誘いいただいてありがとうございました。とても楽しかったです。今度は私に中華料理をごちそうさせてください。ご一緒に行きたいお店がありますので広州料理のレストランに案内させてください。
洋子さん　：ありがとう。楽しみにしていますね。

【練習問題模範解答】

1.例えば以下のような場合、あなたが店員（ウエイター、ウエイトレス）だったらどう相手に話しますか。聞きますか。
　① 客が注文した料理を食べている時に、あなたに「この料理は味がない。」と言って

きた場合。
　　申し訳ございません。只今作り直しますので、少々お待ちいただいても、よろしいでしょうか。（○）
　　では味の方を確認してきます。（×）
②客の注文した料理の中に髪の毛が入っていたので、客が怒りだした場合。
　　只今お取替え（とりかえ）いたしますので、少々お待ちください。（○）
　　失礼ですが、お客様の髪の毛ではありませんか。（×）
③客が注文した料理を、間違えて隣のテーブルの客に持っていってしまった場合。
　　申し訳ございません。すぐに確認してまいります。（いったん厨房へ戻ってから、もう一度隣のテーブルへ持っていく。）（○）
　　申し訳ございません。料理の確認ミスです。（すぐに隣のテーブルに料理を持っていく）（×）
④客が閉店時間を過ぎても、まだ店の中に残っている場合。
　　そろそろ閉店時間ですが。もう看板なんですが。（○）
　　（客がまだ帰りたくないと言った場合）
　　では、飲み終わっていただいてからで結構ですよ。（○）
　　早く帰っていただけませんか。（×）
⑤客が会計の計算が違うと文句を言ってきた場合で、客の方が計算ミスをしている場合。
　　すいませんが、お客様、もう一度ご確認のほうをよろしくお願いします。（○）
　　（客がまだ怒っていたら）
　　只今店長を呼んでまいりますので、しばらくお待ちください。（○）
　　計算はこれで正しいと思います。お客様のミスではありませんか。（×）

2. 例えば以下のような場合、あなたが友達だったらどう相手に話しますか。聞きますか。
①相手がまだお腹いっぱいになっていない感じがする場合。
　　ほかの食べ物はいかがですか。
　　ほかにもいろいろ料理がありますよ。
　　もう一品注文しましょうか。
　　もう一品いかがですか。
　　ほかに何か召し上がりますか。
②相手に食べ物だけではなく、飲み物も勧めたい場合。
　　何か飲み物をしましょうか。
　　何かお飲み物でも。

デザートか何かお飲み物でもいかがですか。
飲み物はいかがですか。

③ 自分が食べたい料理の値段が高いので、御馳走してくれる相手に頼みにくい場合。
○○さんは、何が好きですか。
○○さんは、どんなものを注文しますか。
(先に相手に選ばせて、相手がいくらぐらいのものを注文するか見ておいて、それから自分が注文する。しかし、場合にもよる。)

④ 自分がご馳走する時に、相手が払うと言ってきた場合。(日本の習慣では。中国の習慣では。)
ここは中国ですから、(ここは私の故郷ですから、)今日は私にご馳走させてください。今度日本に(そちらへ)遊びに行ったときは、○○さんにお願いしますから。

⑤ 相手に好き嫌いを聞く場合。(相手が大丈夫と答えた場合も、引き続き、相手の好き嫌いを聞く場合。)
コーヒーにしましょうか、紅茶にしましょうか。
(相手がどちらでもいいですと答えた場合)
甘いものがお好きですか？甘くないものがお好きですか。
(相手が再びどちらでもいいですと答えた場合は？？？)
コーヒーでもよろしいですか。
(自分で決めてもいい)

⑥ 二者択一の場合、AよりもBの方が食べたいと相手に伝える場合。また逆に、相手に料理の二者択一の選択をしてもらう場合。
Aの料理はおいしそうですね。でも私は生ものが駄目なので、Bの方でもよろしいですか。
Aの料理はおいしそうですが、私は辛い物が駄目なので、Bにしていただいてもよろしいでしょうか。
Aの方は少し味が辛いです。Bの方は辛くないですが、生ものですので、もしだめでしたら、他の物を注文しますが。

⑦ AもBも食べられない場合、どのように断りますか。
申し訳ないのですが、私は辛い物も、生ものも苦手なものですから、ほかの料理を注文していただいてもよろしいでしょうか。
(この場合、ほとんど次に「どんなものなら食べられますか。」と聞かれるので、その時は素直にこれが食べたいといった方がいい。)
では、このCの料理をお願いしてもよろしいですか。

もし食べられないものがある場合は、注文する前に、「私は生ものが駄目なので、生もの以外の料理でお願いします。」等、相手に伝えればよい。

3.ロールプレイの模範解答：

① 注文と違うものが来た

B：お待たせいたしました。

A：あのう、すいません。これ私が注文したものじゃないんですけど。

B：えっ、申しわけございません。少々お待ち下さい。

A：私が注文したのはスパゲッティですよ。

B：かしこまりました。こちらの確認ミスでございます。申し訳ありませんが、只今ご注文の方を確認してまいりますので、少々お待ち下さいませ。

A：なるべく早くお願いしますね。

B：申し訳ございません。確認が取れ次第、すぐにお持ちいたします。

② 高すぎる

A：今日はみんなと楽しく飲んだり、食べたりできてよかったよ。今回は全部私がご馳走するから。みんな先に店の外で待っていていいからね。

（みんなが外に出た後で）

じゃ、お勘定お願いします。

B：はい、ありがとうございます。

（レジで計算の後で）

お客様、お待たせいたしました。お会計の方は、全部で1200元になります。

A：えっ。1200元。そんなに食べてないと思うけど。ちょっとレシート見せてもらえませんか。おかしいな。こんなに食べてないんだけど。

B：かしこまりました。もう一度計算いたしますので、少々お待ち下さいませ。

A：お願いします。

（2回目の計算のあとで）

B：お会計の方ですが、やはり先ほどと同じ1200元になります。

A：ちょっとそれおかしいよ。そんなに食べてるわけないでしょ。どういう計算したの。注文したものと金額の明細を見せてください。

③ 誘ってみよう

A：今田さん、今晩はお時間いかがですか。

B：ええ、今晩は特に何もありませんけど。

A：それはよかった。じゃ、今晩お食事でもいかがですか。実はおいしい広東料理のレストランを見つけたんです。

B：そうですか。ぜひご一緒させてください。

A：では、私がそのレストランまでご案内します。
　（レストランについてから）
A：メニューはいかがですか？何かお好きなものはございますか。今日はご遠慮なく、どんどん注文してくださいね。
B：はい、ありがとうございます。正直広東料理についてはあまり分からないんです。李さんにお任せしてもよろしいでしょうか。
A：そうですか。分かりました。では私がおいしそうな料理を選びますね。何か食べられないものはありませんか。辛い物や甘い物等何でも大丈夫ですか。
B：はい、私は好き嫌いがないので、大丈夫です。でも辛いものはちょっと…。
A：では広東の代表的なお粥や鶏肉等を注文してみますね。
B：はい、よろしくお願いします。
　（食事の後で）
A：今田さん、まだ他の料理もたくさんありますよ、いかがですか。
B：いいえ、もう結構です。お腹いっぱいです。
A：そうですか。よろしかったらお飲み物でもいかがですか。この店のデザートもおいしいんですよ。
B：そうなんですか。お言葉に甘えて、ぜひ食べてみたいのですが、本当にもうお腹いっぱいでこれ以上食べられません。どの料理も本当においしかったです。こんなにたくさんおいしい料理をご馳走してくださりありがとうございました。広州の料理は最高ですね。
A：それは、もちろんですよ。「食は広州にあり」ですから。ははは。
B：今日は十分味わいました。お招きいただき、本当にありがとうございました。ごちそうさまでした。
A：では、お会計にしましょうか。
B：そうしましょう。
A：すいません、お会計お願いします。
B：李さん、今日は本当にたくさん食べましたから、私にも半分出させてくださいね。
A：今田さん、だめですよ。前回今田さんに日本料理をご馳走していただいたお礼に、今日は私にご馳走させてください。
B：いいえ、大丈夫ですよ。割り勘にしましょう。
A：ここは中国ですから、どうか私にご馳走させてください。私からのほんの気持

ちですから。
B：それではお言葉に甘えさせていただきます。では、次の機会に私がご馳走しますね。
A：はい、ぜひまた一緒にお食事をしましょう。

第三课　学做中国菜

洋子さん：今日はどんな料理を作ってくれるんですか。
李さん　：酢豚なんですけど、洋子さん嫌いですか。1
田中さん：えーっ、李さん酢豚、作れるんですか。すごいですね。
李さん　：そんなに難しくないよ。私は料理がまあまあ上手です。2
洋子さん：じゃ、早速教えてください。
李さん　：はい。洋子さんは何もしないでください。3
洋子さん：どうやって作るのかとても楽しみです。
李さん　：では、早速始めましょう。まず、豚肉を片栗粉に入れて濡れます。中華鍋で油を沸かして、豚肉を油に入れます。4豚肉を揚げながら、ピーマンや、玉ねぎやパイナップルなどを小さく切って混ぜ、準備しておきます。

洋子さん：豚肉はどれぐらいの大きさに切ればいいんですか。
李さん　：個人の<u>好きに合わせて切ってもいいですが。</u>5
洋子さん：一口サイズでもいいんですか。
李さん　：そうですね。あまり大きく切らない方がいいと思います。大きすぎると、油で揚げる時に、<u>火がよく回らないことがありますので。</u>6

「作りながら」
李さん　：材料はここにあるものですが、まず<u>豚肉は味を入れます。</u>7普通は紹興酒を使います。
洋子さん：紹興酒が家にない時にはどうすればいいですか。
李さん　：紹興酒がなければ白酒か日本酒でもいいですよ。それから、<u>醤油、ゴマ油少し、そして卵の白身をかけておきます。</u>8この時に塩、胡椒をする場合もあります。
洋子さん：それなら、だいたい日本のどの家庭にもありますね。
李さん　：次に片栗粉をつけてお肉を油で揚げます。揚げる前に、片栗粉をつけてカラっと揚げます。人参は電子レンジで<u>熱くするだけでいいんです。</u>9他の野菜は油にニンニクを入れて、炒めます。じゃ、やってみましょう。それから……。

「テーブルで」
洋子さん：李さん、おつかれさま。わー、おいしそう。
李さん　：<u>はい、おいしいです。</u>10洋子さん、どうぞ。
洋子さん：では、いただきます。中国で本場の酢豚が食べられるなんてうれしいです。…あー、おいしい。李さんってコックさんみたいですね。
李さん　：<u>ははは、みんなそう言いました。</u>11肝心なことはこれからです。<u>調味汁を準備し</u>

ます。12材料は、砂糖、塩、酢、醤油です。
田中さん：おいしそうだな、本場の酢豚を食べられるなんて。
李さん　：豚肉が涼しくならないうちに食べるのが最高に美味しいですよ。13
洋子さん：この料理を作るとき、何か注意することは何かありますか。
李さん　：そうですね、玉ねぎを切るときは、半分か4分の1に割ってから一枚一枚はがして、なるべく均等な大きさに切ってくださいね。大きく切ったのではダメです。14それに、たけのこも入れないと、もの足りません。
田中さん：さすが李さん！本場の中華料理ですね。
李さん　：いいえ、そうじゃないです。母の方がもっと上手です。15今度は洋子さんが日本料理の作り方を教えてくださいね。

【間違い例の解説】

1. 洋子さん嫌いですか。
   →洋子さんお好きですか。/洋子さんのお口に合うかどうか分かりませんが。（「嫌いですか」は直接過ぎるので、そのような表現は避けた方がいい。）
2. そんなに難しくないよ。私は料理がまあまあ上手です。
   →いえいえ、まだまだ料理は上手にできませんが。（直接に表現すると、謙遜の態度を表せないので、自分はまだまだできない等、控えめに話すのが一般的。）
3. 何もしないでください。
   →あちらでゆっくり待っていて下さい。/お部屋の方でくつろいでいて下さい。（「何もしないでください」と言うと、相手が料理の邪魔をしている感じがするので、大変失礼な言い方になってしまう。）
4. まず、豚肉を片栗粉に入れて濡れます。中華鍋で油を沸かして、豚肉を油に入れます。

→まず豚肉を片栗粉と一緒に混ぜます。中華鍋に油を引いて、熱くなってきたら、豚肉を弱火で3分ぐらい揚げます。（「濡れます」と「混ぜます」は全然意味が違うので注意すること。「油を引く」、「熱くなったら、豚肉を揚げる」等、決まった言い方や、説明を短縮できる場合には、分かりやすい表現を選ぶ。）

5. 好きに合わせて切ってもいいですが。
   →好みに合わせて切ってもいいですが。（「好き」は名詞ではなく、感情を表す形容詞なので、「～に合わせて」という場合、名詞の「好み」を使わなければならない。）

6. 火がよく回らないことがありますので。
   →火がよく通らないことがありますので。（「火が通る」と「火が回る」は意味が異なる。「火が通る」は、よく煮えている様子で、半熟や、生の状態ではないことを指し、「火が回る」は、火事や焚き火の時、火が燃え広がることを指している。）

7. 豚肉は味を入れます。
   →豚肉に下味をつけます。（「味を入れる」と表現することはできない。味の動詞は「つける」もしくは「出す」等。）

8. 醤油、ゴマ油少し、そして卵の白身をかけておきます。
   →醤油、ゴマ油を少々、そして卵の白身をからめておきます。この時に塩、胡椒をする場合もあります。（「かけておきます」の「かける」は上から卵の白身をかけるだけで、豚肉を動かすことはない。「からめておきます」の「からめる」は卵の白身をかけた後、豚肉と大まかに交ぜ合わせる作業が含まれる）

9. 熱くするだけでいいんです。
   →チン（加熱）するだけでいいんです。（口語表現では、電子レンジで食べ物を温めることを「チンする」と言う場合がある。「加熱する」とそのまま使ってもよいが、「チンする」の方がより口語的で、日常会話の中では、「加熱する」よりももっと使う頻度が高い。

10. はい、おいしいです。
    →お口に合うかどうか分かりませんが。（食べる前からおいしいと言ってしまうと、まずかった時に相手を困らせるし、謙遜の態度を示すためにも、食べる前は、自分の料理はおいしいと断言しない方がよい。）

11. ははは、みんなそう言いました。
    →いえいえ、まだこれからもっと料理のことを学ばなければなりません。（このような場合は、謙尊の態度を表すのが常識である。したがって、「みんなそう言いました」や「よくそう言われます」等の表現を使わないのが一般的。）

12. 調味汁を準備します。
    →（酢豚につける）たれを準備します。（酢豚につける「調味汁」とは言えない。この

ような表現はないので、酢豚につける「たれ」という表現にしなければならない。）
13. <u>豚肉が涼しくならないうちに食べるのが最高に美味しいですよ。</u>
    →豚肉が冷めないうちに食べるのが、一番おいしいと思いますよ。（「豚肉が涼しくならないうちに」という表現はできない。「豚肉が冷めないうちに」という言い方はできる。「一番おいしい」のほかに、「最もおいしい」、「最高においしい」などの表現もある。）
14. <u>大きく切ったのではダメです。</u>
    →ざくざく切ったのではダメです。（「大きく切る」という表現もあるが、料理の説明をする場合、例えば実際に包丁で切りながら説明する時は、「ざくざく」という表現を使うと、臨場感が増して、相手に伝わりやすい。）
15. <u>いいえ、そうじゃないです。母の方がもっと上手です。</u>
    →いいえ、そんなことないですよ。母にはまだまだと言われます。（「そうじゃないです」はここでは使えない。相手の褒め言葉に対して、こちらが返す言葉は、「そんなことないですよ」、あるいは「とんでもないです」と言って、謙遜の意を表すのが日本人の習慣であり、「母の方がもっと上手です」と言うと、自分の料理に満足してくれている友人の気持ちを損なう場合があるので、「母にはまだまだと言われます」のように、前の文に引き続いて、謙遜の意を示した方が、丁寧な受け答えとなる。）

【モデル会話】

洋子さん：今日はどんな料理を作ってくれるんですか。
李さん　：酢豚なんですけど、洋子さんお好きですか。洋子さんのお口に合うかどうか分かりませんが。
田中さん：えーっ、李さん酢豚、作れるんですか。すごいですね。
李さん　：いえいえ、まだまだ料理は上手にできませんが。
洋子さん：じゃ、早速教えてください。
李さん　：はい。洋子さんはあちらでゆっくり待っていて下さい。お部屋の方でくつろいでいて下さい。
洋子さん：どうやって作るのかとても楽しみです。
李さん　：では、早速始めましょう。まず豚肉を片栗粉と一緒に混ぜます。中華鍋に油を引いて、熱くなってきたら、豚肉を弱火で3分ぐらい揚げます。豚肉を揚げながら、ピーマンや、玉ねぎやパイナップルなどを小さく切って混ぜ、準備しておきます。
洋子さん：豚肉はどれぐらいの大きさに切ればいいんですか。

李さん　　：個人の好みに合わせて切ってもいいですが。
洋子さん　：一口サイズでもいいんですか。
李さん　　：そうですね。あまり大きく切らない方がいいと思います。大きすぎると、油で揚げる時に、火がよく通らないことがありますので。

（作りながら）
李さん　　：材料はここにあるものですが、まず豚肉に下味をつけます。普通は紹興酒を使います。
洋子さん　：紹興酒が家にない時にはどうすればいいですか。
李さん　　：紹興酒がなければ白酒か日本酒でもいいですよ。それから、醤油、ゴマ油を少々、そして卵の白身をからめておきます。この時に塩、胡椒をする場合もあります。
洋子さん　：それなら、だいたい日本のどの家庭にもありますね。
李さん　　：次に片栗粉をつけてお肉を油で揚げます。揚げる前に、片栗粉をつけてカラっと揚げます。人参は電子レンジでチン（加熱）するだけでいいんです。他の野菜は油にニンニクを入れて、炒めます。じゃ、やってみましょう。それから…。

（テーブルで）
洋子さん　：李さん、おつかれさま。わー、おいしそう。
李さん　　：お口に合うかどうか分かりませんが。洋子さん、どうぞ。
洋子さん　：では、いただきます。中国で本場の酢豚が食べられるなんてうれしいです。あー、おいしい。李さんってコックさんみたいですね。
李さん　　：いえいえ、まだこれからもっと料理のことを学ばなければなりません。肝心なことはこれからです。たれを準備します。材料は、砂糖、塩、酢、醤油です。
田中さん　：美味しそうだな、本場の酢豚を食べられるなんて。
李さん　　：豚肉が冷めないうちに食べるのが、一番おいしいと思いますよ。
洋子さん　：この料理を作るとき、何か注意することはありますか。
李さん　　：そうですね、玉ねぎを切るときは、半分か4分の1に割ってから一枚一枚はがして、なるべく均等な大きさに切ってくださいね。ざくざく切ったのではダメです。それに、たけのこも入れないと、もの足りません。
田中さん　：さすが李さん！本場の中華料理ですね。
李さん　　：いいえ、そんなことないですよ。母にはまだまだと言われます。今度は洋子さんが日本料理の作り方を教えてくださいね。

【練習問題模範解答】

1. 空欄に料理に使う言葉を下から選んで入れてみましょう。
   ① にんじんを一口サイズに<u>スライス</u>する。
   ② フライパンにサラダオイルを<u>引く</u>。
   ③ 魚を蒸す前に表面に<u>塩をまぶす</u>。
   ④ まず生姜を<u>みじん切り</u>にして、それから生姜汁を搾り出す。
   ⑤ 鶏肉は油でカラッと<u>揚げる</u>。
   ⑥ 出来上がったら<u>千切り</u>にしたキャベツを添えて<u>盛る</u>。
   ⑦ 下味をつける時あらかじめ鶏の胸肉には<u>切れ目を入れる</u>。
   ⑧ もち米は前の晩から<u>水につける</u>。
   ⑨ あくがでてきたら玉じゃくしで<u>すくう</u>。
   ⑩ 卵を割って、<u>かき混ぜる</u>。

2. ロールプレイ
   A：張さん、今日はおつかれさまでした。とっても助かりましたよ。
   B：いいえ、とんでもありません。まだまだわからないこともたくさんあって、阿部さんに何度もいろいろお聞きして、すみませんでした。
   A：よくがんばっていますよ、張さんは。さあ、注文しましょうか。おいしいものを食べましょう。何がいいかな……。
   B：これはいかがですか。阿部さん、鶏肉はお好きですか。この「白切鶏」は広州の家庭料理の代表的なものですが。しょうゆをつけて食べるので、味はあっさりしていますよ。
   A：鶏の丸煮という感じですね。でも日本にはないでしょうから、食べてみたいなあ。あと、これは何ですか、焼きうどんに似てますけど、麺が違いますね。
   B：「干炒牛河」というんですが、これも広州では誰でも食べたことがあるおいしいものですよ。これは米の粉からできているんです。うどんよりずっと薄くて食べやすいですよ、いかがですか。
   A：おいしそうですね。じゃ、これも頼みましょう。
   B：野菜もいろいろな種類があるんですよ。この空芯菜はどうですか。広州では通ると野菜の菜とかいて通菜とも呼ばれていますが、野菜の茎の部分が筒状になっているんです。
   A：あ、これ、前テレビで見たことあります。ニンニクで炒めるとおいしいと紹介されていましたよ。これもめずらしいものですね。注文しましょう。あと、ビール

を飲みたいなあ。
B：ビールなら、やはり広州のブランドにしましょう。「珠江ビール」という広州人がよく飲んでいるのがあります。種類もいくつかありますが、この純生というのがお勧めです。
A：広州のビールですか。いいですねえ。日本ではチンタオビールは中国のビールとして有名ですが、広州にもあるんですね。じゃそれをいただきます。
B：あと魚はいかがですか。

第四课　探病

【間違い例】

①
李さん　　：もしもし、洋子さん、こんにちは。
洋子さん：こんにちは、李さん。ちょっと急な事があったので、明日の中国語の授業をお休みさせていただきたいんですけど…。
李さん　　：あ、そうですか。…洋子さん、何かありましたか。声に元気がないですけど…。
洋子さん：実は、昨日急に主人が入院したんです。
李さん　　：それは残念ですね。1　ご主人は大丈夫ですか。2
洋子さん：まだこちらの気候に慣れなかったようで、風邪をひいていたのに我慢していたら夜中に熱が４０度を超えてしまって…病院へ行ったら、肺炎だと言われて入院することになってしまったんです。

李さん　　：そうですか、それは大変でしたね。洋子さんは面倒をみなければなりませんね。3 私はお見舞いに行きます。4
洋子さん：ありがとう、李さん。私も病院にいますので、ご迷惑でなければ…。
李さん　　：迷惑なんか、私たちはいい友達でしょう。5　どこの病院、病室は何番ですか。6
洋子さん：中山大学付属病院の内科一棟203号室です。

②
李さん　　：田中さん、こんにちは。調子はどうですか。7　顔色はよくなさそうですよ。8
田中さん：あ、李さん。わざわざこんなところに…すみません。おかげさまでずいぶんよくなりました。
洋子さん：熱も下がったので、お医者さんももう心配ないとおっしゃってくれました。
李さん　　：思ったより悪くないですね。9　聞いたときもう生命の危険かと思いました。10 これ、プレゼントです。11
洋子さん：あら、きれいなお花、すみませんね、李さん、お気を遣わせて…。
田中さん：仕事が多すぎてなかなか休めなかったので…。
李さん　　：私も勉強が忙しいとき徹夜します。12　ゆっくり休んだ方がいいです。13
洋子さん：はい、ありがとうございます、李さん。
李さん　　：それではそろそろ失礼いたします。いつも注意してくださいね。14

田中さん：今日は本当にありがとう、李さん。
洋子さん：李さん、お気をつけて。
李さん　：それでは、また。15

【間違い例の解説】

1. それは残念ですね。
   →それは大変ですね。（「残念」というと悪い結果のような印象を受けるので、相手が困っているようなときに使うべき表現ではない。相手が話してくれた事情には同情を示すべき）
2. ご主人は大丈夫ですか。
   →どうなさったんですか。（大丈夫かどうか聞くと、状態が大変悪いのかもしれないような印象を与える場合がある）
3. 面倒をみなければなりませんね。
   →ご心配でしょうね。（「面倒をみる」という言い方は「してあげている」という意味にもとられ、「親が子供の面倒をみる」、「お金がないときに面倒をみてやった」など「世話をする」以外に金銭的な意味をも含むのでこの場合には適さない。「世話をする」はペットなどにも使うので人に使う場合はごく限られる。病人の身の回りのことをするのは「付き添う」を使う。しかし「付き添わなければなりませんね」はこの場合洋子さんが付き添うとほぼ決まっているので、わざわざ言うとまるで「面倒な事になりましたね」というふうに聞こえてしまうので避けるべき。）
4. 私はお見舞いに行きます。
   →お見舞いにうかがってもよろしいでしょうか。（まだ病状がよくわからないときに、相手の状況も聞かず「行きます」とは言えない。病状が重くなくても面会できない場合もあるので、勝手に予定を立てず、病人の家族に打診してから決める）。
5. 迷惑なんか、私たちはいい友達でしょう。
   →迷惑だなんて、とんでもありません。（「私たちはいい友達（我们是好朋友）」という中国語表現は日本語では本来使われない言い方で、ほぼ中国語の直訳である。この場合、あえて言うならば「みずくさいじゃないですか」という表現もあるが、その場合その二人はかなり親しい場合のときに限られる）
6. どこの病院、病室は何番ですか
   →どちらに入院されているんですか。（直接病室まで聞くと切羽詰っているようなので、柔らかく聞いてみるほうがよい）
7. 調子はどうですか。

→具合はいかがですか。（「調子」は何かをしているときの過程がいいかどうかを聞く場合使い、対象は特に病床にない健康な人。入院しているような明らかに病気や怪我を患っている人には「具合」を使う）

8. <u>顔色はよいなさそうですよ。</u>
→お元気そうで安心しました。（実際病人の顔色が悪くてもそれをはっきり指摘しないのが常識。わざとらしくても、想像より病気が重くないというような一言で病人を安心させよう）

9. <u>思ったより悪くないですね。</u>
→それはよかったですね。（お医者さんから心配ないと言われたならば、一緒に喜んであげたい）

10. <u>もう生命の危険かと思いました。</u>
→本当に驚きました。（病院にお見舞いに行ったときには特に「生命」「危険」など「死」をイメージするような言葉を言ってはいけない）。

11. <u>プレゼントです。</u>
→何がいいかわかりませんでしたが、どうぞ…（「プレゼント」は記念日や楽しいとき渡すもの。「おみやげ」は旅行や帰省したとき主にその地方の特産品を買ってきて渡すもの。「てみやげ」は誰かの家を訪問するときもって行くお菓子などを指す。病気の人を見舞うとき「お見舞い」と言う場合もあるが、何も言わず「どうぞ…」といって渡せばいい）

12. <u>私も勉強が忙しいとき徹夜します。</u>
→お仕事がお忙し過ぎたんですね。（病人を見舞うときは話題を選んで話す。自分のことを偉そうな感じで言うと印象が悪い。病人を少しでも励ましたり元気にさせることがお見舞いの目的）

13. <u>休んだ方がいいです。</u>
→おやすみになってください。（「～する方がいいです」という言い方は相手に何かを促したりアドバイスする場合に使う。田中さんは李さんより目上でもあり、入院中なので「～なってください」と思いやる言い方のほうが良い）

14. <u>いつも注意してくださいね。</u>
→早くよいなってくださいね。（最も基本的なお見舞いの言葉は「早くよいなってください」。注意を促すより、祈っているような気持ちを表現すれば病人も嬉しいはず）

15. <u>それでは、また。</u>
→田中さん、お大事に。洋子さん、またご連絡しますね。（いつもの挨拶ではなく、最後までお見舞いに来ていることを忘れずに）

【モデル会話】

①

李さん　　：もしもし、洋子さん、こんにちは。
洋子さん　：こんにちは、李さん。ちょっと急な事があったので、明日の中国語の授業をお休みさせていただきたいんですけど…。
李さん　　：あ、そうですか。…洋子さん、何かありましたか。声に元気がないようですけど…。
洋子さん　：実は、昨日急に主人が入院したんです。
李さん　　：えー、入院ですか。どうなさったんですか、田中さん。
洋子さん　：まだこちらの気候に慣れなかったようで、風邪をひいていたのに我慢していたら夜中に熱が４０度を超えてしまって…病院へ行ったら、肺炎だと言われて入院することになってしまったんです。
李さん　　：そうですか、それは大変でしたね。洋子さん、心細いでしょうね…でも肺炎なら薬を飲んでゆっくり休めば治りますよ、ね。お見舞いに伺ってもよろしいですか。
洋子さん　：ありがとう李さん。私も病院にいますので、ご迷惑でなければ…。
李さん　　：迷惑だなんてとんでもありませんよ。どちらに入院されているんですか。
洋子さん　：中山大学付属病院の内科一棟203号室です。

②

李さん　　：田中さん、こんにちは。具合はいかがですか。
田中さん　：あ、李さん。わざわざこんなところに…すみません。おかげさまでずいぶんよくなりました。
洋子さん　：熱も下がったので、お医者さんももう心配ないとおっしゃってくれました。
李さん　　：それはよかったですね、ほんとうに。電話で入院されたと聞いたときびっくりしましたよ。風邪なのに無理されたんですね。あの、これ…どうぞ。
洋子さん　：あら、きれいなお花、すみませんね、李さん、お気を遣わせて…。
田中さん　：仕事が多すぎてなかなか休めなかったので…。
李さん　　：大変でしたね…お仕事もお忙しかったんでしょうね。日本とは気候も違いますからね。ゆっくりお休みになってください。洋子さんもお疲れでしょう、無理なさらないでくださいね。
洋子さん　：はい、ありがとうございます、李さん。
李さん　　：それではそろそろ失礼いたします。早く元気なってくださいね。
田中さん　：今日は本当にありがとう、李さん。

洋子さん：李さん、お気をつけて。

李さん　：田中さん、お大事に。洋子さん、またご連絡しますね

【練習問題模範解答】

1．次の各問のうち、正しいものには○を、間違っているものには×をつけましょう。

1．入院の報告を受けたら、すぐに飛んでいく。（ × ）

2．お見舞いに行く際は、黒っぽい色の服がふさわしい。（ × ）

3．お見舞いに花束を持って行く場合、4、9など不吉とされている本数を贈るのはタブー。（ ○ ）

4．面会時間は午前中の方がよい。（ × ）

5．面会に行く際は派手すぎるものや強い香水を身につけていくことはマナー違反。（ ○ ）

6．お見舞いなので携帯電話の電源を切る必要はない。（ × ）

7．できるだけ高価な果物をお見舞いには持っていく。（ × ）

8．花はお見舞いの品として一般的で、赤いバラは病人への愛を込めてよく選ばれる。（ × ）

9．入院している上司のお見舞いに行った時、ちょうど担当のお医者さんが診察に来た。そんなときは病室から出て、診察が終わった後再び病室に入る。（ ○ ）

10．元気が出るように"頑張って"と何度も応援するべき。（ × ）

3．① E ② C ③ A ④ F ⑤ B ⑥ D

4．

清水先生：怪我をした黄さんのお見舞いに行きたいと思っています。中国のお見舞いの習慣やマナーを教えてもらえますか。

陳さん　： 一般的なことですが… 病院へ行くのは、午後の面会時間に合わせた方がよいですね。地方によっては、お見舞いにお金を包むこともありますが、果物かお花がよいかもしれませんね。もし入院中にお世話をする身内で付き添う人がいない場合は、食事を届けてあげても喜ばれると思います。

清水先生：食事ですか。それは、黄さんのお姉さんが近くに住んでいるので、大丈夫だと思います。

陳さん　：何か贈り物をする時に中国では「時計」が、嫌われることがあります。似ている音韻で気にする人がいます。「送钟」は置時計を贈るという意味ですが、それと似たような音で「送終」があり、それは使者を看取るという意味だからです。

清水先生：そうですか。では、お店で「お見舞い用」の果物かごを作ってもらいます。

陳さん　：果物やお菓子などを贈る場合に、中国では偶数が好まれます。中国語で、「礼轻情谊重」といわれていて、意味は礼＝贈る品物、それよりも重視するのが情義＝気持ちです。品物はあくまでも気持ちを表すための手段といわれています。

清水先生：そうですね。ご家族に様子を聞いてから、病院にいくようにします。陳さんありがとう。

陳さん　：どういたしまして。早く怪我が治るとよいですね。

第五课　温泉旅行

王さん　　：いらっしゃいませ。何かお手伝うことがありますか。1
洋子さん　：はい。あのう、来月の連休に二人で温泉に行きたいんですが、今からでも宿がとれるでしょうか。
王さん　　：連休ですか。あいにく有名な温泉はどこも満員ですね。もしお客様さえよろしければ、伝統的な食事が食べられ、実際に当地での生活を経験できるプランもございますよ。2
洋子さん　：いいえ、けっこうです。ホームステイよりはホテルか旅館に泊まりたいです。
王さん　　：では、まだ予約が承れるホテルか旅館をご紹介いたします。御旅行中の移動は、飛行機と汽車の二つからお選びいただけますが、どちらの方がよろしいでしょうか。

第五課　温泉旅行

李さん　　：いや、なるべくバスで移動できるところがいいんですが。ここから近いどこかの温泉レストランに泊まりたいんです。3
王さん　　：はい、かしこまりました。では、お望みのところはございますか。4
李さん　　：そうですねえ。広東省で長い間いて、5できれば他の省へも行ってみたいです。でもやはり近い方がいいので、省内で、なるべくバスで１、２時間でいけて、景色も綺麗なところがいいですねえ。ご会社にはどんな温泉旅行がありますか。6
王さん　　：はい。全部の旅費はいくらかかる予定ですか。7
李さん　　：１泊２日で…そうですね…予算は１人あたり３００元ぐらいまでですね。
王さん　　：かしこまりました。少々お待ちください。

（プランを調べてから）
王さん　　：お待たせしました。ちょうどぴったりなのがありました。こちらは宿、食事、交通費込みのパック旅行で、２９８元になります。まだご予約の方も承れます。
李さん　　：ああ、良かった。
洋子さん　：それで、温泉の場所はどの辺ですか。
王さん　　：広東省の従化というところです。バスで一時間半もかかります。8
洋子さん　：それはけっこう近いですね。
王さん　　：それに、宿はそんな大きくはないのですが、宿の近くの店の中に、おいしいものがいっぱいあります。9さらに、温泉のすぐそばには川があり、有名な山もあり、自然のあるところですよ。10従化温泉につかると、お肌もさらさらになりますよ。11
李さん　　：いいですねえ。洋子さん、じゃ、そこにしましょうか。
洋子さん　：そうですね。では、その温泉でよろしくお願いします。

王さん　　：ありがとうございます。それでは、ご予約を承ります。〇月〇日、2名様、従化温泉1泊2日、宿、食事、交通費込みの298元になります。

洋子さん：あ、そうだ。中国で温泉に入る時には、何か注意事項がありますか。

王さん　　：そうですね。日本とは違って、中国では水着を着て温泉に入るんですね。

洋子さん：水着を着るんですか、なんか変な感じ…

李さん　　：日本では水着を着ないんですか。すっぽんぽんはいやよ！

洋子さん：ところで、着替えをするところはあるんですよね。

王さん　　：自分の衣服をロッカーで取り替えます。12 心配要りませんよ。

洋子さん：では、出発時刻と場所を教えてください。

王さん　　：集合場所はこのビルの前で、朝8時、チェックインです。13

李さん　　：ガイドがありますか。14

王さん　　：他に観光するところがあまりないから、ガイドがありません。15 その他に、何かご不明な点がございますでしょうか。

洋子さん：いいえ、大丈夫です。大体分かりました。

李さん　　：洋子さん、温泉に入るのが今からとても楽しみですね。

 【間違い例の解説】

1. <u>何かお手伝うことがありますか。</u>

　　→今日はどういったご用件でしょうか。（中国語の「需要什么帮助？」や、英語の「May I help you?」などのように日本語で直接「手伝う」という動詞を用いて客を接待する時に表現してはいけない。）

2. <u>伝統的な食事が食べられ、実際に当地での生活を経験できるプランもございますよ。</u>

　　→伝統的な食事を味わえ、実際に現地での生活を体験できるプランもございますよ。（「食事を食べる」、「当地での生活」、「経験できるプラン」は意味はわかるが日

本語では使われないので、決まった言い方を覚えよう。）
3. <u>どこか近い温泉レストランに泊まりたいんです。</u>
   →どこか近い温泉旅館に泊まりたいんです。（「温泉レストラン」という言葉はふつうあまり使われない。「温泉」と「レストラン」は、和語と外来語が同時に用いられており、非常にバランスの悪い単語になってしまう。）
4. <u>では、お望みのところはございますか。</u>
   →ご希望はありますか。（「お望み」と「ございますか」の二箇所に渡って丁寧語を使っており、また「お望み」はこちらが叶えてあげるような感じがするので、お客様に対する場合は「ご希望」を使う）
5. <u>広東省に長い間いて、</u>
   →広東省からまだ出たことがないので、（「広東省に長い間いて」は、ただ広東省で長い間暮らしていることを言っているにすぎない。「出たことがない」と言えば、広東省以外の地域へ行った事がないという意味になる。）
6. <u>ご会社にはどんな温泉旅行がありますか。</u>
   →そちらでは、どんな温泉旅行のプランがありますか。（「ご会社」という言い方はなく、通常は「貴社」もしくは「御社」を使うが、客の立場から話す以上、「貴社」、「御社」という言葉は適していない。温泉旅行はプランとして取り上げているので、自由プランかパックプランかを聞いた方が、より具体的で、相手もそのほうが分かりやすい。）
7. <u>全部の旅費はいくらかかる予定ですか。</u>
   →ご予算はいくらぐらいが目安ですか。（客にお金のことを聞く場合、旅費という言葉だけではなく、「（ご）予算」という言葉を用いる。「予定」よりは、「目安」という言葉を使う方が、聞く相手にとって分かりやすい。）
8. <u>バスで一時間半もかかります。</u>
   →バスで一時間半もあれば行けますよ。（「～もかかる」はとても時間がかかってしまうという意味に聞こえてしまうので、「～もあれば行ける」にするとすぐ目的地に着くような印象を与えることができる。）
9. <u>宿の近くの店の中に、おいしいものがいっぱいあります。</u>
   →宿の周りにはおいしい店がたくさんあります。（「店の中においしいものがたくさんある」という表現は間違ってはいないが、自然な日本語にするならば、「おいしい店がたくさんあります」と言う方がよい。）
10. <u>自然のあるところですよ。</u>
    →景色が綺麗な所ですよ。（このような言い方はたくさんあるので、どれが正解というわけではないが、「自然のある所」という言い方は、有名で綺麗な川や山を紹介した

後では、単純すぎて適さない。）

11. <u>お肌もさらさらになりますよ。</u>
    →お肌もすべすべ（つるつる）になりますよ。（「さらさら」は髪の毛がきれいな状態のことを指して言う。「すべすべ、つるつる」は肌の表面の触り心地が良いことを指す。）

12. <u>自分の衣服をロッカーで取り替えます。</u>
    →自分の衣服をロッカーで着替えます。（「服を取り換える」とは言わず、「服を着替える」と表現する。「服を取り換える」と言うと、デパートのマネキンの様子などを表現するとき、「昔の服を最近流行っているファッションの服と取り換える」等の表現はあるが、人に対して用いることはない。）

13. <u>朝8時、チェックインです。</u>
    →朝8時、出発です。（「チェックイン」はホテルに到着した時に使う言葉であり、この場合は出発時間なので、この場合では、「出発」と直接表現しなければならない。）

14. <u>ガイドがありますか。</u>
    →ガイドさんはついてくれますか。（ガイドというと物のような感じがするし、音声だけのガイドの可能性もあるので、人にガイドしてもらいたい時は、「ガイドさん」と言った方がいい。「ガイドさん」は、現地で名所旧跡を紹介し、案内してくれる人のことで、「添乗員」とは、旅行が始まってから終わるまで全日程に付き添う旅行会社の社員のことである。）

15. <u>他に観光するところがあまりないから、ガイドがありません。</u>
    →温泉以外にもきれいな風景をご覧いただけますが、個人で散策されても十分にお楽しみいただけますので、こちらのプランにはガイドさんガイドがいなくても安心しております。（「他に観光するところがあまりない」と言うと、温泉旅行へのイメージダウンになってしまうので、個人でも十分楽しめると説明し、ガイドはいなくても安心して楽しめるという表現を使った方がいい。）

【モデル会話】

王さん　：いらっしゃいませ。今日はどういったご用件でしょうか。

洋子さん：はい。あのう、来月の連休に二人で温泉に行きたいんですが、今からでも宿がとれるでしょうか。

王さん　：連休ですか。あいにく有名な温泉はどこも満員ですね。もしお客様さえよろしければ、伝統的な食事を味わえ、実際に現地での生活を体験できるプランもござ

第五课 温泉旅行

いますよ。
洋子さん：いいえ、けっこうです。ホームステイよりはホテルか旅館に泊まりたいです。
王さん　：では、まだ予約が承れるホテルか旅館をご紹介いたします。御旅行中の移動は、飛行機と汽車の二つからお選びいただけますが、どちらの方がよろしいでしょうか。
李さん　：いや、なるべくバスで移動できるところがいいんですが。どこか近い温泉旅館に泊まりたいんです。
王さん　：はい、かしこまりました。ご希望はありますか。
李さん　：そうですねえ。広東省からまだ出たことがないので、できれば他の省へも行ってみたいです。でもやはり近い方がいいので、省内で、なるべくバスで１、２時間でいけて、景色も綺麗なところがいいですねえ。そちらでは、どんな温泉旅行のプランがありますか。
王さん　：はい。ご予算はいくらぐらいが目安ですか。
李さん　：１泊２日で、そうですね…予算は１人あたり300元ぐらいまでですね。
王さん　：かしこまりました。少々お待ちください。

（プランを調べてから）

王さん　：お待たせしました。ちょうどぴったりなのがありました。こちらは宿、食事、交通費込みのパック旅行で、298元になります。まだご予約の方も承れます。
李さん　：ああ、良かった。
洋子さん：それで、温泉の場所はどの辺ですか。
王さん　：広東省の従化というところです。バスで一時間半もあれば行けますよ。
洋子さん：それはけっこう近いですね。
王さん　：それに、宿はそんなに大きくはないのですが、宿の周りにはおいしい店がたくさんあります。さらに、温泉のすぐそばには川があり、有名な山もあり景色が綺麗な所ですよ。従化温泉につかると、お肌もすべすべになりますよ。
李さん　：いいですねえ。洋子さん、じゃ、そこにしましょうか。
洋子さん：そうですね。では、その温泉でよろしくお願いします。
王さん　：ありがとうございます。それでは、ご予約を承ります。〇月〇日、２名様、従化温泉１泊２日、宿、食事、交通費込みの２９８元になります。
洋子さん：あ、そうだ。中国で温泉に入る時には、何か注意事項がありますか。
王さん　：そうですね。日本とは違って、中国では水着を着て温泉に入るんですよ。
洋子さん：水着を着るんですか、なんか変な感じ…。
李さん　：日本では水着を着ないんですか。すっぽんぽんはいやよ！

洋子さん：ところで、着替えをするところはあるんですよね？
王さん　：自分の衣服をロッカーで着替えます。心配要りませんよ。
洋子さん：では、出発時刻と場所を教えてください。
王さん　：集合場所はこのビルの前で、朝8時、出発です。
李さん　：ガイドさんはついてくれますか。
王さん　：温泉以外にも綺麗な風景をご覧いただけますが、個人で散策されても十分にお楽しみいただけますので、こちらのプランにはガイドがつかないことになっております。その他に、何かご不明な点がございますでしょうか。
洋子さん：いいえ、大丈夫です。大体分かりました。
李さん　：洋子さん、温泉に入るのが今からとても楽しみですね。

【練習問題模範解答】

1.
　　A：劉さん、お久しぶりですね。わざわざお電話いただいてすみません。
　　B：①先生、お久しぶりです。ご無沙汰いたしております。またこちらでお会いできるなんてすごく嬉しいです。
　　A：さっそくですけど、今ホテルの予約をどうすればいいか困っていて…
　　B：私でよろしければ、お手伝いいたしますが。
　　A：そうですか、よかった、助かります。5月の連休に合わせて行きたいんですが…
　　B：はい、5月1日からですよね。②先生、何日間くらいこちらで過ごされますか。
　　A：4泊5日くらいを予定しています。市内のホテルは高いですよね。
　　B：そうですね。③ちょっと調べてみましたが、市内の三つ星ホテルだと大体１泊400元くらいのようです。五つ星だと1000元くらいしますよ。
　　A：結構高いですね…
　　B：④実は学校の中にもゲストハウスがあります。新しくできたばかりでわりときれいですし、学校の中ですから安全だと思うのですが…1泊160元だそうです。
　　A：いいですね、それ。じゃ大学のゲストハウスを予約してもらえますか。
　　B：わかりました。先生、もう一度確認させていただきますが、⑤5月1日から4泊5日、シングル部屋でよろしいですか。
　　A：はい、間違いありません。劉さん、すごく助かりました。どうもありがとう。お会いできるのを楽しみにしていますね。クラスメートの皆さんによろしくお伝えください。何かあったらまたメールしてくださいね。
　　B：⑥こちらこそ先生とお会いできるのを楽しみにしています。

2.
　　A：はい、東京ヒルトンホテルフロントの佐藤でございます。
　　B：①わたくし中国広東省広州市の中日友好企画社の林と申しますが…
　　A：お世話になっております。②本日はどういったご用件でしょうか。
　　B：実は、③来月3日から一週間上司が東京に出張しますので、部屋を予約したいと思いまして…
　　A：④かしこまりました。お泊りになるお客様のお名前とご連絡先、そして日程をお願いいたします。
　　B：⑤張楽安ちょうらくあん、出張の「張」に楽しいの「楽」、安心の「安」です。6月3日から6泊7日の予定です。日本語ができませんので、連絡先はわたくし林までお願いします。電話番号は中国広州86-20-3620-3620です。部屋は普通のタイプのシングルをお願いします。
　　A：はい、それではご確認させていただきます。⑥中国広東省広州市からお越しになる張楽安様、6月3日にチェックイン、6泊7日、ご連絡先は林様、お電話番号は86-20-3620-3620でよろしいでしょうか。そうしますと、税込みで98,000円でございます。
　　B：はい、それで結構です。⑦ではよろしくお願いいたします。チェックアウトのとき、本人がお支払いいたします。それでは失礼いたします。
　　A：⑧ご予約確かに承りました。張様のお越しを心よりお待ち申し上げます。失礼いたします。

第六课　游览家乡

（出発前）

李さん　　：洋子さん、週末に故郷へ帰るから授業をしません。1
洋子さん　：ああ、そうですか。李さんの故郷はたしか広東省の海沿いの町でしたね。
李さん　　：はい、スワトウといいます。
洋子さん　：ここからどのくらいかかるんですか。
李さん　　：7時間だけです。2
洋子さん　：そうですか。スワトウってどんな町なんですか。
李さん　　：あんまり有名な町じゃないから言ってもわからないでしょう。海しかないです。3
洋子さん　：わあ、海ですか…なんか行ってみたくなりました。
李さん　　：いっしょに行きたいんですか。4 週末はひまですか。5

洋子さん：え、いいんですか。はい、私のほうは大丈夫です。じゃ、楽しみにしていますね。

（現地で）

洋子さん：わあ、海が見えます。広州とはずいぶん違いますね。

李さん　：そうですね。広州みたいにめちゃめちゃになっていませんね。6

洋子さん：李さん、スワトウっていいところですね。わたしの故郷とは景色が全く違うんですが、気分もリラックスできますね。

李さん　：洋子さんの家は田舎ですか。7

洋子さん：そうですね、わたしの故郷は長野県というところで、海がないんですよ。その代わり山が美しいところです。

李さん　：長野ですか。冬のオリンピックの開催地だったところですね。きっと洋子さんの故郷には有名な観光地も多いかもしれませんが、ここは観光地がぜんぜんないです。だからおもしろくないですよ。8

洋子さん：でも、きっとこの地方独特の文化があるんでしょうね。スワトウの伝統や習慣、特産品について少し教えていただけますか。海鮮料理が有名なんですよね。

李さん　：ええ、それにスワトウには工夫茶という伝統的な茶芸があります。

洋子さん：茶芸ですか。日本にも茶道がありますが、似ているんでしょうか。

李さん　：日本の茶芸は面倒が多すぎます。9工夫茶は茶道に比べるともっと日常的なもので、スワトウでも潮州でもこの習慣があります。工夫茶を飲む時、緑豆餅などを食べます。緑豆餅は日本のお餅のようにベトベトしていません。10

洋子さん：そうなんですか。あとでちょっと拝見してもいいですか。それに海鮮料理もすばらしいそうですね。楽しみです。
李さん　：ぜひ一度召し上がってください。じゃ洋子さん、行きましょうか。それからここには潮州陶器と呼ばれる大変有名な工芸品があります。父が潮州地方の伝統的な陶器だから洋子さんにあげると言いました。大きくて立派できれいな壷です。11
洋子さん：そんな高価なもの、とんでもありません。お気を遣わないでください。
李さん　：父がぜったい洋子さんが日本へ持っていきますと言っています。12
洋子さん：ありがとうございます。お気持ちだけで十分うれしいです。
李さん　：持って帰らないですか。13
洋子さん：今日はお気持ちだけで…。お父様によろしくお伝えいただけますか。
李さん　：そうですか。伝統の工芸品ですから残念でした。14
洋子さん：今日はご案内していただいてありがとうございました。
李さん　：もし好きなら、また来てくださいね。15

【間違い例の解説】

1. 週末に故郷へ帰るから授業をしません。
   →週末実家に帰りたいと思うので、授業をお休みさせていただいてもよろしいでしょうか。（いくら自分が中国語を教えているとはいえ、自分の都合で休む場合、相手に配慮した言い方をするべき）
2. 7時間だけです。
   →バスで7時間くらいかかります。（バスや電車、飛行機などの交通手段を伴って伝えるとよりわかりやすく、親切）
3. あんまり有名な町じゃないから言ってもわからないでしょう。海しかないです。
   →広東省の沿岸沿いの町で、広州から東北へ400ｋｍくらい行ったところです。海に近くて景色もなかなかなものですよ。（相手が知らないだろうと勝手に決めつけるのは失礼。具体的な説明をした方がよい。「～しかない」という表現は謙遜しているようにも受け止められるが、相手に興味を持ってもらいたいと思うときの表現としては適していない）
4. いっしょに行きたいんですか。
   →お時間があれば、ごいっしょにいかがですか。（「～したいですか」と聞くのは直接すぎて相手も困ってしまう。「こんな時間なのにお菓子を食べたいんですか」など、「～したいですか」という表現には、「本当はしてはいけないが、がまんできずに要

求する」という意味もあるので注意が必要）

5. 週末はひまですか
   →今度の週末お時間がありますか。（「ひま」という言い方は「あなたは何もすることがない」というマイナスイメージを与えるので「お時間があれば」を使いたい）

6. 広州みたいにめちゃめちゃになっていませんね。
   →広州は都会ですから多少息苦しいこともありますが、ここはのんびりしています。（「めちゃめちゃ」という表現は街を表現するときには適さない。「部屋がめちゃめちゃだ」というのはその部屋が片付いていない状態を表すが、人が多くて息苦しい、せわしい場合は「ごみごみしている」）

7. 洋子さんの家は田舎ですか。
   →洋子さんのご実家は地方にあるんですか。（田舎という言葉は実際よく使われるが、多くの場合自分の家があるところを田舎だと謙遜して言う場合が多い。例「うちなんか田舎にありますから、東京まで出るにも時間がかかるんですよ」。田舎とは農村を意味するのではなく、町の中心から離れた生活が多少不便なところというイメージが強い。相手に向かって家が田舎にあるのかというのはちょっと配慮が足りなく、直接的すぎる。）

8. ここは観光地がぜんぜんないです。だからおもしろくないですよ。
   →ここには有名な観光地はわりと少ないですが、都会とまったく違うので癒されます。砂浜で遊んだり、海を眺めるだけでもすがすがしい気分になれます。（「ぜんぜん」を使うと興味を引く要素がなにもないというように聞こえるので、「あまり多くない」、「わりと少ない」程度にしておくほうが良いだろう。都会ではできないことや、心の癒しになるようなものも紹介しよう）

9. 日本の茶芸は面倒が多すぎます。
   →日本の茶道のお手前はわりと決まりが多くて大変そうですね。（「面倒」という表現はやりたくないのにやらなければならないことをするときに使われることもあるので、相手の文化について触れるときには適さない）

10. 緑豆餅は日本のお餅のようにベトベトしていません。
    →緑豆餅は餅という名前ですが、日本のお餅とは全く違って粘りがない半生の焼き菓子です。（中国のお菓子の種類「餅」は日本語に訳すとクッキー、焼き菓子、ビスケットなどそのお菓子の種類によって使い分けなければならない。「もち」というと日本人は正月に食べるお雑煮に入っている白いお餅を思い浮かべるので、中国の「餅」と日本のものは違うことを理解したい）

11. 父が潮州地方の伝統的な陶器だから洋子さんにあげると言いました。大きくて立派できれいな壺です。

→父が潮州地方の伝統的な陶器を洋子さんにぜひお渡ししたいと言っています。いいものを選んだと言っていますが…。（「あげる」というのは直接的な表現で本人を目の前にしては使わない。こちらから何か贈り物をするとき、そのプレゼントを立派なもの、あるいは高価なものという誇張表現は余計相手に気を遣わせてしまう）

12. <u>父がぜったい洋子さんが日本へ持っていきますと言っています。</u>

    →父がぜひ洋子さんに日本へ持って行ってほしいと言っています。（「ぜったい」というのは相手に強制させる感じがするので、選択の余地を与えたほうがいい。「持っていきますと言っています」は「ます」の二重使いで間違い。「ご飯を食べてから行くと言っています」など、前のほうは辞書形になる）

13. <u>持って帰らないですか。</u>

    →そうおっしゃらず、ぜひ持って行ってください。（「お気持ちだけでうれしいです」は日本人が相手から何かいただく場面でよく使われる表現。すぐにもらおうとする意思を表現するのを避けるため使うが、遠慮している時もあれば本当に望んでいない場合もある。こんなときにはもう一度勧めてみて「そうですか、ではお言葉に甘えて…」などのいただく意思のある表現が出たらそれを渡し、まだ遠慮が続くようだったらあきらめればいい）

14. <u>そうですか。伝統の工芸品ですから残念でした。</u>

    →そうですか…わかりました。（相手の様子を見て持って帰らないことがわかったら、もうそのことについて触れないほうがいい）

15. <u>もし好きなら、また来てくださいね</u>

    →洋子さんに来ていただいて本当にうれしいです。よろしければまたいらしてくださいね。（せっかく故郷に来てくれた知人にはこちらが招待したとしても、ここまで来てくれたことをうれしく思うと素直に表現したほうがいい。また「もし好きならば」ではなく「よろしければ」「もし気に入っていただけたなら」など丁寧な表現を心がけよう）

【モデル会話】

（出発前）

李さん　　：洋子さん、週末実家に帰りたいと思うので、授業をお休みさせていただいてもよろしいでしょうか。

洋子さん：ああ、そうですか。李さんの故郷はたしか広東省の海沿いの町でしたね。

李さん　　：はい、スワトウといいます。

洋子さん：ここからどのくらいかかるんですか。

李さん　　：バスで7時間くらいかかります。
洋子さん：そうですか。スワトウってどんな町なんですか。
李さん　　：広東省の沿岸沿いの町で、広州から東北へ400ｋｍくらい行ったところです。海に近くて景色もなかなかなものですよ。
洋子さん：わあ、海ですか。なんか行ってみたくなりました。
李さん　　：お時間があれば、ごいっしょにいかがですか。今度の週末お時間がありますか。
洋子さん：え、いいんですか。はい、私のほうは大丈夫です。じゃ、楽しみにしていますね。

（現地で）

洋子さん：わあ、海が見えます。広州とはずいぶん違いますね。
李さん　　：そうですね。ここには有名な観光地はわりと少ないですが、都会とまったく違うので癒されます。砂浜で遊んだり、海を眺めるだけでもすがすがしい気分になれます。
洋子さん：李さん、スワトウっていいところですね。わたしの故郷とは景色が全く違うんですが、気分もリラックスできますね。
李さん　　：洋子さんのご実家は地方にあるんですか。
洋子さん：そうですね、わたしの故郷は長野県というところで、海がないんですよ。その代わり山が美しいところです。
李さん　　：長野ですか。冬のオリンピックの開催地だったところですね。きっと洋子さんの故郷には有名な観光地も多いかもしれませんが、ここには有名な観光地はわりと少ないですが、都会とまったく違うので癒されます。砂浜で遊んだり、海を眺めるだけでもすがすがしい気分になれます。
洋子さん：でも、きっとこの地方独特の文化があるんでしょうね。スワトウの伝統や習慣、特産品について少し教えていただけますか。海鮮料理が有名なんですよね。
李さん　　：ええ、それにスワトウには工夫茶という伝統的な茶芸があります。
洋子さん：茶芸ですか。日本にも茶道がありますが、似ているんでしょうか。
李さん　　：日本の茶道のお手前はわりと決まりが多くて大変そうですね。工夫茶は茶道に比べるともっと日常的なもので、スワトウでも潮州でもこの習慣があります。工夫茶を飲む時、緑豆餅などを食べます。緑豆餅は餅という名前ですが、日本のお餅とは全く違って粘りがない半生の焼き菓子です。
洋子さん：そうなんですか。あとでちょっと拝見してもいいですか。それに海鮮料理もすばらしそうですね。楽しみです。
李さん　　：ぜひ一度召し上がってください。じゃ洋子さん、行きましょうか。それからここには潮州陶器と呼ばれる大変有名な工芸品があります。父が潮州地方の伝統

的な陶器を洋子さんにぜひお渡ししたいと言っています。いいものを選んだと
　　　　　　言っていますが。
洋子さん：そんな高価なもの、とんでもありません。お気を遣わないでください。
李さん　：父がぜひ洋子さんに日本へ持って行ってほしいと言っています。
洋子さん：ありがとうございます。お気持ちだけで十分うれしいです。
李さん　：そうおっしゃらず、ぜひ持って行ってください。
洋子さん：今日はお気持ちだけで…。お父様によろしくお伝えいただけますか。
李さん　：そうですか…わかりました。
洋子さん：今日はご案内していただいてありがとうございました。
李さん　：洋子さんに来ていただいて本当にうれしいです。よろしければまたいらしてくだ
　　　　　　さいね。

【練習問題模範解答】

1. 私の故郷は広東省広州市です。人口約1,000万人の商業と工業の都市で、中国では北京、上海に次ぐ3番目の大都市です。80年代からの開放政策により、現在も経済発展を遂げている町です。広州の歴史は紀元前二世紀ころから街づくりが始まり、その後も繁栄を遂げ、20世紀初頭には孫文をはじめとする近代革命の中心地ともなりました。「食は広州にあり」と言われるほど広州には国内外のさまざまなおいしいものがあります。商業都市としての役割を担う広州は、ショッピングの町としても国内で人気があります。

2. 日本人とのコミュニケーションの中で、中国へ旅行した経験について話す機会もあると思います。そんな時、その人が行ったことのある中国の地名がピンとこなかったり、中国語ではもちろん知っていても日本語の読み方がわからないと、ちょっと困ってしまうでしょう。ここでは中国の地名の読み方を覚えましょう。

中国語	→	日本語
河北省		河北省　かほくしょう
河南省		河南省　かなんしょう
云南省		雲南省　うんなんしょう
辽宁省		遼寧省　りょうねいしょう
黒龙江省		黒龍江省　こくりゅうこうしょう
湖南省		湖南省　こなんしょう
安徽省		安徽省　あんきしょう

山东省	山東省	さんとうしょう
江苏省	江蘇省	こうそしょう
浙江省	浙江省	せっこうしょう
江西省	江西省	こうせいしょう
湖北省	湖北省	こほくしょう
甘肃省	甘粛省	かんしゅくしょう
山西省	山西省	さんせいしょう
陕西省	陝西省	せんせいしょう
吉林省	吉林省	きつりんしょう
福建省	福建省	ふっけんしょう
贵州省	貴州省	きしゅうしょう
广东省	広東省	かんとんしょう
青海省	青海省	せいかいしょう
四川省	四川省	しせんしょう
海南省	海南省	かいなんしょう
台湾省	台湾	たいわん
新疆维吾尔自治区	ウイグル自治区	
广西壮族自治区	広西チワン族自治区	
西藏自治区	チベット自治区	

第七课　留学签证和海关

（大使館で）

李さん　：あのう、私はビザ申請をしたいんですが、ビザ申請の窓口はどこにあるのか教えてくださいませんか。1

職員　　：日本のビザ申請ですね。こちらの窓口はビザ受け取りの窓口ですので、申請の場合は2階へお進みください。2階へ上がると、ビザ申請という大きな表示が見えますので、そちらへお進みください。

李さん　：分かりました。

洋子さん：ビザ申請の場所って、ちょっとややこしいですね。

李さん　：ええ、でも職員の方が親切だったのでよかったです。洋子さんにも一緒に行ってくれて、もう心配ないね。2 洋子さんが来てくれて、本当に助かりました。

（2階で）

洋子さん：あ、李さん、あそこにビザ申請の大きな表示が見えますよ。

李さん　：そうですね。今度はすぐ探し着きましたね。3

職員　　：日本へのビザ申請の方ですか。

李さん　：はい。

職員　　：では、申請書に必要事項をご記入ください。あちらのテーブルの上に記入例もございますので、それを参考にしてください。

洋子さん：あそこでたくさん外国の人が申請書を書いていますよ。李さんもあそこで書いた方が記入例もあるし、便利だと思いますよ。

（申請書を書き終えてから）

李さん　：わあ、もうあんなに人が並んでいますね。さっきはそんなに人が空いているようです。4

洋子さん：さあ、早く並びましょう。

李さん　：ずいぶん待ったほうがいい感じですね。5

（順番が回ってきて）

職員　　：ビザ申請ですね。申請書、パスポート、写真をお願いします。

李さん　：はい。

職員　　：写真は2枚必要なんですが、1枚しかありませんか。

李さん　：すいません。今日初めてビザを申請するので、そのことを知っていませんでした。6

職員　　：申し訳ありませんが、規則ですので…。では1階の正面玄関の横に証明写真機のサービスがありますので、そちらで今日中にお撮りください。

李さん　：もう一度並ばないようにしていただけませんか。7

職員　　：あとで写真1枚を私に渡してくだされば、それで大丈夫です。

李さん　：ありがとうございます。もう一度あの長い列に並ぶのかと思って、ドキドキしていました。8

職員　　：捺印されていませんね。こちらの枠の中に捺印してください。

李さん　：捺印？今日は印鑑を持ってきていませんが。

職員　　：それでは拇印でも結構です。

李さん　：私は犯罪者じゃありませんよ。拇印を押したくない。9

（サインしてから）

職員　　：ではお疲れ様でした。ビザの受け取りは1週間後になります。こちらの受取証を

　　　　　　忘れないように、1週間後に持ってきてください。次回のパスポートの受け取
　　　　　　りは1階の窓口になります。後で写真1枚を忘れずに持ってきてください。
李さん　　：すいません。ありがとうございました。10
洋子さん：ありがとうございました。

（（日本入国）成田空港、税関で）
入国審査官：パスポートを見せてください。
李さん　　：はい。
入国審査官：ええーと、今日は中国からですね。
李さん　　：はい。
入国審査官：何か申告するものはありますか。
李さん　　：特にありません。11
入国審査官：お荷物はこれで全部ですか。では、ちょっとそこの下にある大きなスーツケー
　　　　　　スを開けてもらえますか。
李さん　　：はい、分かりました。
入国審査官：これは何ですか。
李さん　　：それはただのライチです。12
入国審査官：このような果物は法律で日本へは持ち込めないことになっています。
李さん　　：そんなこと聞いたことないよ。13しかし、この果物は非常に高価なもので、私
　　　　　　も苦労して買ってきたものなんです。何とか通させてください。14
入国審査官：あなたの気持ちも分からないことはありませんが、それでも持ち込むことはで
　　　　　　きません。
李さん　　：そこを何とかお願いできませんでしょうか。
入国審査官：しかし、法律に違反することはできません。果物は没収ということになります。
李さん　　：これは高い果物なので、あきらめにくいです。15無理を言ってしまい申し訳あ
　　　　　　りませんでした。

入国審査官：いいえ、かまいません。今後お気をつけください。

【間違い例の解説】

1. あのう、私はビザ申請をしたいんですが、ビザ申請の窓口はどこにあるのか教えてくださいませんか。
   →あのう、ビザ申請の窓口はどちらでしょうか。（「ビザ申請をしたいんですが」と理由を言わなくてもよい。窓口はどこにあるかを聞けばいいだけなので、同じ言葉の繰り返しは、できるだけ避けた方がよい。）
2. 洋子さんにも一緒に行ってくれて、もう心配ないね。
   →洋子さんにもついて来て頂いたし、もう大丈夫ですよ。（話者本人と共に、今いる場所まで来てくれたわけだから「ついて来る」が適切である。心配事がなくなって不安が解消したことを訴える時には「もう大丈夫」が決まり文句である。）
3. 今度はすぐ探し着きましたね。
   →今度はすぐに見つかりましたね。（日本語で「探し着く」という表現は使われない。中国人学習者によくありがちな表現ミスである。この場合、「見つかる」が正しい。）
4. さっきはそんなに人が空いているようです。
   →さっきはあまり人もいなくて空いていたのに。（「さっき」という言葉は過去を表しているので、「空いているようです」では時間の関係が合わない。「そんなに」を使うと、後ろは否定が来るので、「そんなに人がいなかったのに」と修正しなければならない。）
5. ずいぶん待ったほうがいい感じですね。
   →ずいぶん待たなければならないようですね。（「待ったほうがいい」と言ったら、待つ時間が長くなってしまう。ここでは、長い時間待ちたくないのだから、「待たなければならない」というような、自分の意志とは逆であるという表現が好ましい。）
6. 今日初めてビザを申請するので、そのことを知っていませんでした。
   →申し訳ありませんが、1枚だけでも何とかなりませんか。（相手に「申し訳ない」という気持ちを伝えられるかどうかが大事である。「そのことを知っていない」と言うと、分からなかったんだから、仕様がないという印象を相手に与えてしまい、自分が写真を持ってこなかったのは、仕様がないということになってしまう。「知っていない」という使い方自体が間違いです。その後で、ビザ申請を継続する場合は、やはり相手に「申し訳ない」という印象を与えた方がよい。）
7. もう一度並ばないようにしていただけませんか。

→もう一度ならばなくても良いようにしていただけませんか。（許可を求める場合は、「○○しなくても良いように」という表現を使うのが正しい。「○○ないように」は禁止をする表現である。）

8. ドキドキしていました。
→冷や冷やしていました。（「ドキドキ」はプレッシャーのかかった緊張している状態を表す時に用いられ、この場合は、足が疲れるからもう一度列に並びたくないという気持ちを表しているだけなので、「冷や冷や」の方が適している。）

9. 私は犯罪者じゃありませんよ。拇印を押したくない。
→拇印はちょっと…。サインでもよろしいですか。（日本では印鑑の代わりに拇印を押すことがあり、決してマイナスのイメージではない。直接的に「～は嫌です。」と断るよりも、語尾を濁しながら、「～はちょっと…。」と遠まわしに断りながら、「～でもよろしいですか。」と丁寧にお願いするほうが印象が良い。）

10. すいません。ありがとうございました。
→ご迷惑をおかけして、申し訳ありませんでした。（相手に迷惑をかけたのであれば、最後に一言「申し訳ありませんでした。」または、「お手数かけました。」というのは常識であり、一言相手に謝っておいた方が人間関係もよりスムーズになり、相手も「どういたしまして」と、気持ちよく対応できる。）

11. 特にありません。
→ありません。（日本語で「特にありません」というのは、「多少はある」という意味にも受け取れる。申告するものがないことを強調したい場合には、「申告するものはありません」等と具体的に表す。）

12. それはただのライチです。
→それはライチです。（中国人学習者は「ただの」、「普通の」「一つの」等の付属要素を付加する傾向があるが、却って不自然な表現になってしまう。「それは…です」だけで十分である。また、「ただ」には無料の意味もあるので、誤解が生じやすい。）

13. そんなこと聞いたことないよ。
→そうなんですか。（「聞いたことない」と言うと相手を非難する意味にも受け取れ、その場の空気を悪くしてしまう。状況的に自分が不利な立場にいるので、無難な一言で終わらせるべきだろう。）

14. 何とか通させてください。
→何とかしていただけないでしょうか。（このような状況で「～てください。」という表現とても直接的で使われることはない。税関などの検査では「通させて…」または「パスさせて…」と言う表現よりは「何とかしていただけないでしょうか」のほうが

自然であり、常用句として広く一般的に使われている。）
15. これは高い果物なので、あきらめにくいです。
→どうしてもだめだとおっしゃるのでしたら、やはりあきらめるほかないですね。
（「あきらめる」と「～にくい。」の組み合わせは間違い。「あきらめがたい」とは言えるが、この状況ではやはり相手に反抗をするのは自分に不利になるので、控えめに残念な気持ちを伝える程度にしておくのが無難であろう。）

【モデル会話】

（大使館で）

李さん　　：あのう、ビザ申請の窓口はどちらでしょうか。
職員　　　：日本のビザ申請ですね。2階へ上がると、ビザ申請という大きな表示が見えますので、そちらへお進みください。
李さん　　：分かりました。
洋子さん　：ビザ申請の場所って、ちょっとややこしいですね。
李さん　　：ええ、でも職員の方が親切だったのでよかったです。洋子さんにもついて来て頂いたし、もう大丈夫ですよ。洋子さんが来てくれて、本当に助かりました。

（2階で）

洋子さん　：あ、李さん、あそこにビザ申請の大きな表示が見えますよ。
李さん　　：そうですね。今度はすぐに見つかりましたね。
職員　　　：日本へのビザ申請の方ですか。
李さん　　：はい。
職員　　　：では、申請書に必要事項をご記入ください。あちらのテーブルの上に記入例もございますので、それを参考にしてください。
洋子さん　：あそこでたくさん外国の人が申請書を書いていますよ。李さんもあそこで書いた方が記入例もあるし、便利だと思いますよ。

（申請書を書き終えてから）

李さん　　：わあ、もうあんなに人が並んでいますね。さっきはあまり人もいなくて空いていたのに。
洋子さん　：さあ、早く並びましょう。
李さん　　：ずいぶん待たなければならないようですね。

（順番が回ってきて）

職員　　　：ビザ申請ですね。申請書、パスポート、写真をお願いします。
李さん　　：はい。

職員　　　：写真は2枚必要なんですが、1枚しかありませんか。
李さん　　：すいません。申し訳ありませんが、1枚だけでも何とかなりませんか。
職員　　　：申し訳ありませんが、規則ですので…。では1階の正面玄関の横に証明写真機のサービスがありますので、そちらで今日中にお撮りください。
李さん　　：もう一度ならばなくても良いようにしていただけませんか。
職員　　　：あとで写真1枚を私に渡してくだされば、それで大丈夫です。
李さん　　：ありがとうございます。もう一度あの長い列に並ぶのかと思って、冷や冷やしていました。
職員　　　：捺印されていませんね。こちらの枠の中に捺印してください。
李さん　　：捺印？今日は印鑑を持ってきていませんが。
職員　　　：それでは拇印でも結構です。
李さん　　：拇印はちょっと…。サインでもよろしいですか。
　　　　　　（サインしてから）
職員　　　：ではお疲れ様でした。ビザの受け取りは1週間後になります。こちらの受取証を忘れないように、1週間後に持ってきてください。次回のパスポートの受け取りは1階の窓口になります。後で写真1枚を忘れずに持ってきてください。
李さん　　：ご迷惑をおかけして、申し訳ありませんでした。
洋子さん　：ありがとうございました。

（（日本入国）成田空港、税関で）

入国審査官：パスポートを見せてください。
李さん　　：はい。
入国審査官：ええーと、今日は中国からですね。
李さん　　：はい。
入国審査官：何か申告するものはありますか。
李さん　　：ありません。
入国審査官：お荷物はこれで全部ですか。では、ちょっとそこの下にある大きなスーツケースを開けてもらえますか。
李さん　　：はい、分かりました。
入国審査官：これは何ですか。
李さん　　：それはライチです。
入国審査官：このような果物は法律で日本へは持ち込めないことになっています。
李さん　　：そうなんですか。しかし、この果物は非常に高価なもので、私も苦労して買ってきたものなんです。何とかしていただけないでしょうか。

入国審査官：あなたの気持ちも分からないことはありませんが、それでも持ち込むことはできません。
李さん　　：そこを何とかお願いできませんでしょうか。
入国審査官：しかし、法律に違反することはできません。果物は没収ということになります。
李さん　　：どうしてもだめだとおっしゃるのでしたら、やはりあきらめるほかないですね。無理を言ってしまい申し訳ありませんでした。
入国審査官：いいえ、かまいません。今後お気をつけください。

【練習問題模範解答】

1. あなたは税関に申請しなければならない中国から持ってきたお酒があります。しかし、申請するのを忘れてしまいました。どのように税関で手続きすればいいでしょうか。空欄に適当な言葉を入れなさい。

    入国審査官：このお酒は申告が必要ですよ。
    李さん　　：ああ、そうだったんですか。
    入国審査官：このまま持ち込むことはできません。あちらのテーブルにある税関申告書に必要事項を記入してから、窓口の税関審査管に提出してください。
    李さん　　：あのう、申告すれば持ち込めるのでしょうか。
    入国審査官：申告した後、審査官が決定しますので、それまでお待ちください。
    李さん　　：（このお酒は非常に高価なもので、持ち込めないと困るんですが…。）
    入国審査官：手続き上のことですから、おそらくは持ち込めると思いますが…。
    李さん　　：では、申告書を提出しさえすればいいんですね。分かりました。
    （窓口で）
    税関審査管：税関申告書を提出してください。
    李さん　　：はい。
    税関審査管：こちらのお酒ですが、関税がかかってしまいますが、よろしいでしょうか。
    李さん　　：前回は関税を取られませんでしたが。
    税関審査管：茅台酒（マオタイしゅ）だと2本までの持ち込みは大丈夫ですが、3本目からは関税がかかってしまいます。
    李さん　　：（そうなんですか。しかし関税がかかるなんて知らなかったんですよ。今回だけ特別に3本までの持ち込みを許可していただけないでしょうか。）
    税関審査管：しかし、ルールですので2本までしか認められません。
    李さん　　：（今、あまりお金を持っていないんですよ。次回からは気をつけますか

　　　　　ら…。）
　　税関審査官：そう言われましても、法律上はこのようなルールになっておりますので。
　　李さん　　：（では、一本は私の友人に頼んで、持ち込んでもらいます。これでいいですよね。）
　　税関審査官：それも法律違反です。
　　李さん　　：（かしこまりました。ご迷惑をおかけして、本当に申し訳ございません。）
　　税関審査官：いえいえ、大丈夫です。

2. 李さんは、短期留学のために日本へやってきました。成田空港へ到着しましたが、迎えに来るはずの大学生の姿が見えません。電話連絡をしたところ、急用で来れなくなったとのことです。インフォメーションセンターで情報を収集し、一人で大学まで行かなくてはなりません。どのように情報を収集すればいいでしょうか。空欄に適当な言葉を入れなさい。

　　李さん：（あの、ちょっとお聞きしますが。）
　　案内係：はい、どうなさいましたか。
　　李さん：江戸大学まで行きたいんですが…新宿駅から地下鉄に乗換えなんですけど。
　　案内係：新宿駅までは、リムジンバスと電車が出ております。リムジンですと、所要時間は一時間半から2時間で、お一人様片道3000円となっております。
　　李さん：直接新宿駅までのバスがあるんですか。
　　案内係：はい、新宿駅西口までのリムジンが出ております。所要時間は一時間半から2時間で、お一人様片道3000円となっております。
　　李さん：（ちょっと高いですね。新宿までの直通の電車はないんですか。）
　　案内係：ございますが、JRの成田エクスプレスですと、やはり3110円かかってしまいます。各駅停車をご利用になりますと半額ほどで目的地に到着できますが、かなりお時間を要してしまいますので…。ただいまの時間帯でしたら、日暮里駅まで京成スカイライナーという特急列車をご利用になり、日暮里でJRにお乗り換えになりますと、1時間半ほどで新宿駅に到着になれます。
　　李さん：（乗車券はいくらかかりますか。）
　　案内係：乗車券に特急券、あわせて2110円になります。
　　李さん：（JRの特急やリムジンに比べれば千円ほど安くなりますね。では、このルートで行こうと思います。）
　　案内係：乗り場はB1階になります。
　　李さん：（どうやって降りるんですか。）
　　案内係：左手の方向にまっすぐお進みになると、エスカレーターがございます。地下

　　　　　　一階に案内の地図がございますので、ご覧ください。
　　李さん：（はい。どうもご親切にありがとうございました。）
3.
　　陳：①「必要な手続きについてお尋ねしたいのですが。」
　　　　②「留学担当の方はいらっしゃいますでしょうか。」
　　陳：③「それから、奨学金制度について、お尋ねしたいのですが、よろしいでしょうか。」
　　陳：④「はい、ご説明ありがとうございました。」
　　陳：⑤「はい、4月2日の午後1時にＪＡＬ603便で成田空港に到着いたします」
　　陳：⑥「ありがとうございました。どうぞよろしくお願いいたします」

第八课　情感天地

【間違い例】

（電話をかける）

李さん　　：もしもし、洋子さんですか。突然お電話で失礼します。
洋子さん　：あ、李さん。何かあったんですか。
李さん　　：彼氏とけんかしたんです。1
洋子さん　：あら、李さん彼氏がいたんですか。ごめんなさい、知らなくて…。
李さん　　：私は彼氏があります。2もしご具合がよければ3どこかで会ってお話したいんですが。
洋子さん　：じゃあ、3時にこの前一緒に入った喫茶店で待ち合わせましょうか。
李さん　　：分かりました。ではまた後ほど。失礼します。

第八课 情感天地

(喫茶店で)

洋子さん：ごめんなさい、ちょっと遅くなっちゃって。
李さん　：<u>今日はありがとうございます。4</u>
洋子さん：さっそくだけど、李さんの彼って、どんな人なの。
李さん　：<u>彼は私より高くて、痩せているみたい。5　顔が普通で、色が黒いです。6性格はちょっと細かい人で、ちょっと怒りやすいです。7</u>

洋子さん：一度お会いしてみたいな…。
李さん　：<u>いいですよ。会いましょう。8</u>
洋子さん：ところでけんかしたって言ってたけど、どうしたんですか。
李さん　：洋子さん、日本人は時間を守る意識が強いと言われていますよね。昨日、彼と約束して、映画を見に行ったんですが、忘れ物したので一度家に帰ったら、約束の時間に遅刻してしまいました。<u>彼はなんか怒ってきました9</u>。遅刻の理由を説明しましたがわかってくれなくて…だから<u>けんかが起きました。10</u>
洋子さん：そんなことがあったんですね。李さんは遅刻したとき、ひとこと彼に謝ったんですか。
李さん　：<u>小さなことですよ。11</u>そのあと彼に<u>電話をかけても出ませんでした。12</u>
洋子さん：日本人は「親しき仲にも礼儀あり」と教えられていますから、家族や恋人同士でも、自分が悪かったなあと思ったら、ちゃんと謝るのが習慣になっていますからね。
李さん　：<u>そうか。13</u>でも<u>中国では親しい人には謝らないです。14</u>

洋子さん：でも、違う習慣の中で育った二人だから、お互いに歩み寄らないと…。彼ともう一度ちゃんと話し合ってみたらどうですか。

李さん　：そうですね。明日ゆっくり話し合ってみます。洋子さんとお話していたら、だんだん元気が出てきました。今日は相談してくれてありがとうございました。気持ちがよくなりました。15

洋子さん：よかった。李さんは優しい方だから、きっとうまくいきますよ。自信もってね。

 【間違い例の解説】

1. 彼氏とけんかしたんです。
   →実は、つまらないお話ですが…。彼氏とけんかしてしまったんです。（急に電話していきなり話し始めるのではなく、相手に余裕を与えるのが普通）

2. 私は彼氏があります。
   →お付き合いしている人がいるんですが…。（「彼氏（家族、兄弟）がある」は文法的に間違いではないが、近頃では「彼氏がいる」、「私には姉がいる」というほうが自然な表現）

3. もしご具合がよければ。
   →ご都合がよろしければ。（「具合」には「お」や「ご」をつけない。また具合は体調などをたずねるとき使うのが一般的。相手の日時の都合を聞くときは「ご都合はいかがですか」が最もよく使われる）

4. 今日はありがとうございます。
   →こんなことで、わざわざすみません。（「ありがとう」はお礼なので、間違いとはいえないが、自分のことで相手を呼び出したので、まず相手に配慮した言葉で話し始めたほうが良い）

5. 彼は私より高くて、痩せているみたい。
   →私より背が高くて、ちょっと痩せ気味です。（「高い」だけでは背の高さを表せない。必ず「背が」をつけないと日本語では通じない。「～みたい」は会ったことがない人や、会ったことはあってもあまり印象にないような人には使えるが、自分の恋人についていうのはおかしい）

6. 顔が普通で、色が黒いです。
   →特に顔には特徴がありませんが、わりと日焼けしています。（「普通」と言ってしまうとまず彼氏自身にも失礼だし、顔はみんなちがうので、「普通の顔」というのはどんな顔なのかわからない。「色が黒い」は直接的なので「日焼けしている」のほうが健康的なイメージ）

7. <u>性格はちょっと細かい人で、ちょっと怒りやすいです。</u>
   → 心配りができる人ですが、時々気に入らないことがあると不機嫌になることもあります。（「細かい人」というのは「神経質な人」、「小さなことにこだわる人」と言う意味にもとれるし、「心配りができる人」、「よく気が利く人」などともとれる。「怒りやすい」はちょっとしたことでカッカとして、表情も険しく文句をよく言う人という感じを与えてしまうので、やわらかく表現したほうが良い）

8. <u>いいですよ。会いましょう。</u>
   → 今度ぜひ紹介させてください。（目上の人に対しては特に配慮する必要があるので、「会いましょう」は「仕方ないが私の彼氏に会わせてあげる」というような高慢な表現なので絶対してはいけない。こちらのほうが今までご紹介せずに申し訳なかったという気持ちを伝えるべき）

9. <u>彼はなんか怒ってきました。</u>
   → そのあと、だんだん機嫌が悪くなってしまって。（けんかの前、まだ文句を言い出すのを我慢しているような状態のとき、表情も硬くまったく笑わないようなときは「機嫌が悪い」状態。急に怒るのではなく徐々に怒りを増していくような場合、「だんだん」を使うと効果的）

10. <u>だからけんかが起きました。</u>
    → それで結局けんかになってしまいました。（「けんかが起きる」のではなくて「けんかになる」が正しい。事故のように急に起きるのではなく、両方にそれなりの原因があり、怒りがおさまらず我慢できなくなると「けんかになる」）

11. <u>でも小さなことですよ。</u>
    → たいしたことじゃないと思ったので…謝りませんでした。（この場合「たわいもないこと」「たいしたことじゃない」が適切）

12. <u>電話をかけても出ませんでした。</u>
    → 電話をかけても出てくれないんです。（大きな間違いではないが、こちらが電話しても意図的に出ないようにしている場合は「出てくれない」を使う。「出ない」というのは電話に出られない状況の意味が強い）

13. <u>そうか。</u>
    → そうなんですか。（相手に同意するとき、相手の話を受け入れるとき、それまでと同じように丁寧に「そうなんですか」「そうですか」を使う）。

14. <u>中国では親しい人には謝らないです。</u>
    → 中国では逆に、親しい人にはあまり誤りや感謝を口に出さないという習慣があります。（「謝らないです」というのはちょっと強すぎなので、やわらかい表現にしないと相手に誤解されてしまう）。

15. <u>相談してくれてありがとうございました。気持ちがよくなりました。</u>
→相談にのっていただいてありがとうございました。おかげで気持ちが軽くなりました。（「～してくれて」は相手が自分に何かしてくれたときの表現。これではまるで「洋子さんが友達の中から私を選んで相談してくれてうれしい」という意味にとられてしまう。相手への配慮「おかげさまで」を使ったほうが相手も「相談に乗ってあげてよかった」と思うはず）

【モデル会話】

（電話をかける）

李さん　　：もしもし、洋子さんですか。突然お電話で失礼します。
洋子さん：あ、李さん。何かあったんですか。
李さん　　：実は、つまらないお話ですが…彼氏とけんかしてしまったんです。
洋子さん：あら、李さん彼氏がいたんですか。ごめんなさい、知らなくて…。
李さん　　：いいえ、いいえ。お付き合いしている日本人の男性がいるんですが…ご都合がよろしければ、どこかで会ってお話したいんですが。
洋子さん：じゃあ、3時にこの前一緒に入った喫茶店で待ち合わせましょうか。
李さん　　：分かりました。ではまた後ほど。失礼します。

（喫茶店で）

洋子さん：ごめんなさい、ちょっと遅くなっちゃって。
李さん　　：こんなことで、わざわざすみません。
洋子さん：さっそくだけど、李さんの彼って、どんな人なの。
李さん　　：彼は私より背が高くて、ちょっと痩せ気味なんです。特に顔には特徴がありませんが、わりと日焼けしています。心配りができる人ですが、時々気に入らないことがあると不機嫌になることもあるんですよ。
洋子さん：一度お会いしてみたいな…。
李さん　　：今度ぜひ紹介させてください。
洋子さん：ところでけんかしたって言ってたけど、どうしたんですか。
李さん　　：洋子さん、日本人は時間を守る意識が強いと言われていますよね。昨日彼と約束して、映画を見に行ったんですが、忘れ物したので一度家に帰ったら、約束の時間に遅刻してしまいました。そのあと、だんだん機嫌が悪くなってしまって…。遅刻の理由を説明しましたがわかってくれなくて…それで結局けんかになってしまいました。

洋子さん：そんなことがあったんですね。李さんは遅刻したとき、ひとこと彼に謝ったんですか。
李さん　：たいしたことじゃないと思ったので…謝りませんでした。そのあと彼に電話をかけても出てくれないんです。
洋子さん：日本人は「親しき仲にも礼儀あり」と教えられていますから、家族や恋人同士でも、自分が悪かったなあと思ったら、ちゃんと謝るのが習慣になっていますからね。
李さん　：そうなんですか…でも中国では逆に、親しい人にはあまりお礼や感謝を口に出さないという習慣があります。
洋子さん：でも、違う習慣の中で育った二人だから、お互いに歩み寄らないと…。
　　　　　彼ともう一度ちゃんと話し合ってみたらどうですか。
李さん　：そうですね。明日ゆっくり話し合ってみます。洋子さんとお話していたら、だんだん元気が出てきました。今日は相談にのっていただいてありがとうございました。おかげで気持ちが軽くなりました。
洋子さん：よかった。李さんは優しい方だから、きっとうまくいきますよ。自信もってね。

【練習問題模範解答】

1．ロールプレイ
　①
　李さん　：もしもし、王さんですか。今お時間よろしいでしょうか。
　朋子さん：あ、李さん。大丈夫ですが、どうしたんですか。
　李さん　：実は、彼氏のことで…。
　朋子さん：けんかでもしたんですか。
　李さん　：いいえ。そうじゃないんですけど、仕事が忙しいって言って全然会ってくれないんですよ。もう2週間も連絡くれないし、もしかしたら他に彼女ができたんじゃないかって心配で…。
　朋子さん：それは考えすぎですよ。たしか李さんの彼氏って会社員でしたね。
　李さん　：はい。
　朋子さん：日本のサラリーマンは本当に忙しい人が多いんですよ。きっと残業や休日出勤で疲れているんじゃないですか。
　李さん　：そうかもしれませんが、滅多に連絡もしてくれないんですよ。
　朋子さん：そうですか。でも、仕事のストレスや悩みを抱えていて大変なのかもしれませんよ。そうだ、彼の会社帰りにでも、李さんのほうから会いにいって

みたらどうですか。休日に出かけるよりずっと彼に負担がかからないでしょう。それから、もし李さんに時間があれば、お昼休みに会社の近くに行って一緒に食事してみるというのもいいんじゃないですか。

李さん　：なるほど、いい考えですね。早速明日のお昼に彼に会いにいってみます。
朋子さん：それはいい考えですね。

②

李さん　：今日はお呼び立てして、申し訳ないです。
朋子さん：いいんですよ。どうせ暇ですから。ところで何かあったんですか。
李さん　：実は、彼氏がちょっと…。
朋子さん：たしか同じ学科の…。
李さん　：はい、そうなんです。いつもデートのときワリカンなんですよ。
朋子さん：日本では普通ですよ。それに学生同士でしょ。
李さん　：ええ、ですが…。毎回細かくワリカンされるので、なんだか彼が頼りなく感じて…。
朋子さん：李さんの気持ちも分からないこともないんですが、別の見方で考えてみたらどうですか。きっと李さんのことを一人の人間として尊重しているんですよ。つまり平等な立場で接してくれているということです。これからは男女平等の時代ですから、こんなことで悩んでいちゃ時代に乗り遅れてしまいますよ。
朋子さん：そういう考えもできますね。いつも悪いほうにばかり考えてしまうのは私の悪い癖です。これからはできるだけ、ポジティブに生きていきます！今日はどうもありがとうございました。

2. 結婚する相手はどんな人がいいか、下の4人に聞いてみました。下の（A～D）に入る条件は1～4のどれでしょう。

　　A：4　　　　B：1　　　　C：3　　　　D：2

第九课　商务电话

【間違い例】

①
スタッフ：いつもお世話になっております。ＪＣＴでございます。
李さん　：<u>佐藤さんいますか。1</u>
スタッフ：佐藤ですね、少々おまちくださいませ。
李さん　：はい。
佐藤さん：お電話かわりました。佐藤ですが…。
李さん　：<u>広東外語外貿大学の李です。2アルバイトのこと聞きたいんですけど。3</u>
佐藤さん：ああ、李さんですか。どうも。田中さんから聞いていますよ。
李さん　：<u>あの、時間はいつですか。毎日ですか。4いろいろ教えてください。5</u>
佐藤さん：はい。簡単に言いますと、主に日本から中国に来たお客様をいろいろな観光地へ

　　　　　　　案内するようなガイドの仕事です。ですから日本語ができる方でないと…。
李さん　　：私は日本語ができます。6

佐藤さん：李さん、一度お会いしてから、詳しいことを話しましょう。今週だといつ都合が
　　　　　よろしいですか。
李さん　　：忙しいので、木曜日の午後ならいいけど。7
佐藤さん：木曜日の午後ですね。では、今週の木曜日の午後2時に弊社にお越しいただけま
　　　　　すか。
李さん　　：いいです。8あの、何も持っていかなくてもいいですか。9
佐藤さん：そうですね、履歴書を持ってきていただくか、メールで送っていただけますか。
李さん　　：いいですよ。10
佐藤さん：では木曜日にお会いしましょう。失礼します。
李さん　　：お忙しいところを、お時間をいただいてありがとうございました。よろしくお願
　　　　　いいたします。

②
李さん　：田中さんでいらっしゃいますか。私は李です。11
田中さん：ああ、李さん、こんにちは。
李さん　：先日はアルバイトの紹介、ありがとう。12 早速、佐藤さんに電話してみました。
田中さん：それはよかった。面接はどうでしたか。
李さん　：面接は今週の木曜日の午後なんです。でも、いちおうお礼をいいます。13
田中さん：李さんなら絶対大丈夫ですよ。日本語も上達したし、日本人とのコミュニケーションも上手だから。
李さん　：いいえ、私は下手です。14 面接が終わったらまたご報告します。じゃ、また。15
田中さん：がんばってください。失礼します。

【間違い例の解説】

1. 佐藤さんいますか。
   →あの、わたくし広東外語外貿大学の李と申しますが、アルバイトの件でお電話させていただきました。佐藤様はいらっしゃいますでしょうか。（まず自分を名乗ってから話したい相手の名前を出すのがマナー。アルバイトを探すという立場のときは、誰が電話に出た場合でもあらかじめ用件を先に言ったほうが良い）

2. 広東外語外貿大学の李です。
   →お忙しいところを突然申し訳ございません。わたくし広東外語外貿大学の李と申します。（仕事中の人に電話をかけるときは「お忙しいところをすみませんが…」「お仕事中申し訳ありませんが…」等を使って話し始めるのが普通）

3. アルバイトのこと聞きたいんですけど。
   →田中様よりご紹介をいただきましてお電話させていただきました。アルバイトの件についておうかがいしたいのですが。（紹介してくれた人の名前を出すと、相手に用件が伝わりやすい）

4. あの、時間はいつですか。毎日ですか。
   →あの、アルバイトを募集されているとお聞きしたのですが…。（まだ話し始めたばかりなので、相手の反応を待たずに質問を繰り返すのは失礼。やわらかく聞いてみたほうがよい）

5. いろいろ教えてください。
   →どのような内容でしょうか。（相手がどんな人かまだよくわからないとき、またまだアルバイトの話を相手がしていないときに、こちらから言い出すと焦っているような

印象を与えてしまう）

6. 私は日本語ができます。
   →私は今大学で日本語を専攻しています。（「できます」というのは自分には能力があるということを示しているので、多少謙遜気味に話すのが普通になっている日本人に対してこのような表現は適さない。そのような場合、「日本語でのコミュニケーションには多少自信があります」というほうが嫌味がない）

7. 忙しいので、木曜日の午後ならいいけど。
   →今週でしたら、木曜日の午後はちょうど授業がありませんが、いかがでしょうか。（自分が学生の立場のとき、働いている人に「わたしは忙しい」と言うのはマナー違反。「～ならいいけど」は仕方ないが行ってあげるというようなニュアンスがあり、大変失礼に当たる）

8. いいです。
   →はい、わかりました。木曜日の午後2時におうかがいさせていただきます。（「いいです」は中国語の「好」と同じように使うとちょっとおかしい場合があるので注意するべき。この場合も自分はアルバイトに募集した学生の一人だという意識が足りない。「いいです」は相手に何か頼まれたときにする返事。日時を確認する意味も含めて復唱すると感じがよい）

9. 何も持っていかなくてもいいですか。
   →何か持参していくものがあるでしょうか。（「～しなくてもいいですか」という否定形の聞き方は「何か原因があって～したくない」というように受け取られてしまうかもしれないので、「～したほうがいいですか」と肯定的に聞くべき）

10. いいですよ。
    →はい、かしこまりました。（親しい間柄では「いいですよ」でもよいが、ビジネスの場では「かしこまりました」と丁寧に返事するのがマナーである。）

11. 私は李です。
    →アルバイトをご紹介いただいた李ですが…。（話す相手と自分に接点をもたせた表現をしたほうがよい）

12. 先日はアルバイトの紹介、ありがとう。
    →先日はアルバイトをご紹介していただきまして、ありがとうございました（相手へのお礼は、正しく最後まではっきり言うのがマナー）。

13. でも、いちおうお礼をいいます
    →田中さんにご報告したいと思いまして…。（「いちおう」という言葉は、今のところこうなっているという暫定的なことや、あまり気が進まないまま仕方なくやったことにつけるので、「お礼」の前につけるのはおかしい。相手に対しても失礼に当たる）

14. いいえ、私は下手です。
    →いいえ、まだまだですよ。（「私は上手です/下手です」というと直接過ぎるため、相手もうまく受け答えられなくなってしまう。また、ほめられたとき「ありがとう」と素直に言ってもおかしくないのは、能力とはあまり関係がない場合。例：「髪型変えたの？前よりずっとかわいくなったね」「ほんと？嬉しいな、ありがとう」）。

15. じゃ、また。
    →今回は、ご紹介していただきまして本当にありがとうございました。（日本人の習慣になっているが、お礼は会話の最初と最後に繰り返すのが常識。電話を切る前にもう一度お礼をする）

【モデル会話】

①
スタッフ　：いつもお世話になっております。ＪＣＴでございます。
李さん　　：あの、わたくし広東外語外貿大学の李と申しますが、アルバイトの件でお電話させていただきました。佐藤様はいらっしゃいますでしょうか。
スタッフ　：佐藤ですね、少々おまちくださいませ。
李さん　　：はい。
佐藤さん　：お電話かわりました。佐藤ですが…。
李さん　　：お忙しいところを突然申し訳ございません。わたくし広東外語外貿大学の李と申します。田中様よりご紹介をいただきましてお電話させていただきました。アルバイトの件についておうかがいしたいのですが。
佐藤さん　：ああ、李さんですか。どうも。田中さんから聞いていますよ。
李さん　　：あの、アルバイトを募集されているとお聞きしたのですが…。どのような内容でしょうか。
佐藤さん　：はい。簡単に言いますと、主に日本から中国に来たお客様をいろいろな観光地へ案内するようなガイドの仕事です。ですから日本語ができる方でないと…。
李さん　　：私は今大学で日本語を専攻しています。
佐藤さん　：李さん、一度お会いしてから、詳しいことを話しましょう。今週だといつ都合がよろしいですか。
李さん　　：今週でしたら、木曜日の午後はちょうど授業がありませんが、いかがでしょうか。
佐藤さん　：木曜日の午後ですね。では、今週の木曜日の午後2時に弊社にお越しいただけますか。
李さん　　：はい、わかりました。木曜日の午後2時におうかがいさせていただきます。あ

の、何か持参していくものがあるでしょうか。
佐藤さん：そうですね、履歴書を持ってきていただくか、メールで送っていただけますか。
李さん　：はい、かしこまりました。
佐藤さん：では木曜日にお会いしましょう。失礼します。
李さん　：お忙しいところを、お時間をいただいてありがとうございました。よろしくお願いいたします。

②
李さん　：田中さんでいらっしゃいますか。アルバイトをご紹介いただいた李ですが…。
田中さん：ああ、李さん、こんにちは。
李さん　：先日はアルバイトをご紹介していただきまして、ありがとうございました。早速佐藤さんに電話してみました。
田中さん：それはよかった。面接はどうでしたか。
李さん　：面接は今週の木曜日の午後なんです。田中さんにご報告したいと思いまして…。
田中さん：李さんなら絶対大丈夫ですよ。日本語も上達したし、日本人とのコミュニケーションも上手だから。
李さん　：いいえ、まだまだですよ。面接が終わったらまたご報告します。今回はご紹介していただきまして本当にありがとうございました。
田中さん：がんばってください。失礼します。

【練習問題模範解答】

1．ロールプレイ
　　受付　　：おはようございます。中日翻訳ニーハオ社でございます。
　　陳さん　：おはようございます。わたくし広東外大の陳と申しますが、小村様はいらっしゃいますでしょうか。
　　受付　　：はい、小村でございますね、少々お待ちくださいませ。
　　小村さん：もしもし、お電話代わりました。小村でございます。
　　陳さん　：小村さん、お忙しいところを失礼いたします。アルバイトの陳ですが…
　　小村さん：ああ、陳さん、おはようございます。翻訳、わからないところがありましたか。
　　陳さん　：いえいえ、なんとかだいじょうぶです。実は友人のことでお話がありまして…
　　小村さん：そうですか。どうしましたか。

陳さん　　：実はこのお仕事が楽しくて、友人の梁さんに話したんです。そしたら、梁さんもとても興味があるらしく、もし次にこのような翻訳のお仕事があったらやってみたいと申しておりまして…

小村さん：そうですか。ちょうどよかった。実は昨日新しくデジカメの説明書の翻訳の仕事を依頼されまして、また大島先生にお願いして学生さんを紹介していただこうと思っていたんですよ。

陳さん　　：そうなんですか。

小村さん：では、陳さん、お手数ですが梁さんに、今週の金曜日の午後、一度会社まで来てもらいたいと伝えてもらえますか。

陳さん　　：わかりました。さっそく伝えます。よろしくお願いいたします。

小村さん：こちらこそ。ご紹介していただいてありがとうございます。もし都合が悪くなったり、何かありましたら、梁さんに私に直接お電話くださいと伝えてください。では失礼します。

陳さん　　：本当にありがとうございます。よろしくお願いいたします。失礼いたします。

2. ロールプレイ

受付　　　：お世話になっております。中日翻訳ニーハオ社でございます。

梁さん　　：わたくし広東外大の梁と申しますが、小村様はいらっしゃいますでしょうか。

受付　　　：はい、小村でございますね、少々お待ちくださいませ。

小村さん：もしもし、お電話代わりました。小村でございます。

梁さん　　：お忙しいところを失礼いたします。わたくし陳小莉さんの友人の梁青と申しますが…。

小村さん：ああ、梁さんですね、陳さんのお友達の。はいはい。

梁さん　　：初めまして。今回のアルバイトの件、本当にありがとうございます。

小村さん：こちらのほうもちょうどアルバイトしてくれる方を探そうと思っていたので、助かりました。あの、金曜日都合はいかがですか。

梁さん　　：あの、実は金曜日の午後のお約束の日に、ちょうど学校の特別講義が入ってしまいまして、どうしても参加しなければならず、大変困っておりまして…わがままを申し上げますが、お約束の日を変更していただくことはできますでしょうか。

小村さん：ああ、そういうことでしたか。はい、わかりました。では…来週になりますね。私は火曜日まで出張なので水曜日以降になりますが、梁さんの都合はいかがですか。

梁さん　　：はい。私は木曜日と金曜日の午後は授業がありませんが、それ以外は全部授業が入っています。

小村さん：それでは木曜日の午後にしましょう。2時に来ていただけますか。
梁さん　：はい、わかりました。それでは来週の木曜日22日の午後2時におうかがいさせていただきます。
小村さん：では来週また。失礼します。
梁さん　：はい、ありがとうございます。よろしくお願いいたします。

3. いろいろな問い合わせの電話をするとき、まず、電話でどうやって話し始めますか。次のa～e表現を使って話しましょう。
① 受付のアルバイトのことでお電話したんですが、必要な資格などあるんでしょうか。
② 健康診断書の件でお聞きしたいのですが、そちらでは、健康診断はいつでしょうか。
③ そちらの大学のオープンキャンパスについてお聞きしたいんですが、いつ行われる予定ですか。
④ あのう、そちらの大学を受けたと思っているのですが、ご担当のかたはいらっしゃるでしょうか。学費免除など留学生のための制度について詳しく知りたいんですが。

4. 次のビジネス電話のやり取りで、四択一で適当、不適当のものを選んでください。

1. ②
「掛かる」は送料だから，「お掛かり～」のような敬意表現はしない。従って，「掛かりますが」の言葉遣いが適当ということである。

2. ④
周りが騒がしいので場所を変えると言うのはよい。しかし，こちらの都合で電話を切るのだから，次にかけるのもこちら。相手にかけ直してもらうように言ったのは不適当ということ。

3. ④
この場合，相手が番号を間違えていることは確かなのだから，番号が違うことを伝えたら，「（番号を）お確かめくださいませんか」とだけ言えばよい。相手の間違いについて「メモを書いた方に」などと余計なことを言うのは不適当ということである。

第十课　面试

【間違い例】

部長　　：はい、どうぞ。
李さん　：あ、どうも、こんにちは。1
部長　　：李さんですね、どうぞここにおかけください。
李さん　：はい。
（席について）
部長　　：ではさっそく、今からいくつか質問をいたしますのでお答えください。
李さん　：はい。よろしくお願いいたします。
部長　　：李さんが弊社を志望した理由はなんですか。
李さん　：お会社は有名な会社です。2
　　　　　この業界ではとても影響力があり、社会への発展を促進しています。3

さらに世界経済の発展にとっても、大きな力を与えます。4
部長　：弊社にどんな魅力を感じていますか。

李さん　：貴社は、庶民の生活にとって不可欠な部分となっています。それだけではなく、優れた人材をたくさん育てています。5
さらに貴社には社員に対するいい政策があります。貴社で発展の空間がいい。6
部長　：その他に何かありますか。
李さん　：はい。現在広州には多くの日系企業がありますが、貴社は自動車業界で一番有名だし、給料もけっこういいそうですね。通訳を希望します。7
部長　：なるほど、そうですか。では李さんは通訳を希望しているんですね。では次の質問ですが、李さんご自身についてお伺いします。履歴書に性格は明るいと書かれていますが、友人からもそう言われていますか。
李さん　：はい。友達はよく私のことをうるさいと言います。おしゃべりが好きで、誰とでもしゃべれます。8
部長　：では、あまり落ち込むことはないんですか。
李さん　：時々あります。しかし、またすぐ元気になれるタイプです。
部長　：李さんの趣味は何ですか。なぜそのことに関心を持ちましたか。
李さん　：私の趣味はいろいろありますが、その中でも特に絵を描くことや、映画等を鑑賞することに最も興味があります。外国の文化が大体分かります。日本の祖国の美を現しています。貴社の理念は文化交流です。私の考え方と通じています。9
部長　：アルバイトやボランティアの経験があれば教えてください。
李さん　：一年生から喫茶店でアルバイトをしています。あそこでウェイトレスとして働いて、いろいろなことが勉強になりました。10
例えば、仕事に協調力と応変力を必要とします。11
部長　：結婚しても、仕事を続ける予定ですか。
李さん　：結婚のためにとまりません。引き続き仕事を続けます。両立することができます。12

部長　　：もし、仮に当社の社員として採用された場合、あなたはどのような会社にしていきたいですか。あなたの抱負を聞かせて下さい。
李さん　：小さいころから、自動車には興味深いでした。貴社の企業理念は、社会に責任を持つ、そして中国と日本、あるいは日本と世界の関係をつなぐ橋だと思います。13
部長　　：わかりました。では、これから3分間くらいで自己ＰＲをお願いします。
李さん　：はい。それでは始めさせていただきます。
（自己PRが終わって）

部長　　：今日はおつかれさまでした。
李さん　：ありがとうございました。
部長　　：今日の面接の結果は、来週の月曜日に電話でお知らせします。
李さん　：はい、わかりました。月曜日の午前中は授業なので午後かけてもらえますか。14
部長　　：いいですよ。もし授業中でしたら後でお電話ください。
李さん　：はい。今日はありがとうございました。
部長　　：こちらこそ。おつかれさま。
李さん　：どうも。15
（席を立って一礼）

 【間違い例の解説】

1. あ、どうも、こんにちは。
　→失礼いたします。（人に会ったときのあいさつ「こんにちは」「おはようございます」ではなく、面接室に入るときは「失礼いたします」が約束になっている）
2. お会社は有名な会社です。
　→貴社は、大変に有名な会社です。（「お会社」と言うと、すぐに日本語が正しく理解できてないと思われてしまうので、「貴社（きしゃ）」、「御社」（おんしゃ）とい

う単語を忘れないように。）

3. <u>この業界ではとても影響力があり、社会への発展を促進しています。</u>
    →この業界ではとても影響力があり、社会の発展に多大な貢献をされています。（「発展を促進する」と表現せず、「発展に貢献する」と表現するのが一般である。その時に「多大な」等を使うとさらに相手を褒めることができる。）

4. <u>さらに世界経済の発展にとっても、大きな力を与えます。</u>
    →さらに世界経済の発展にも、大きな影響力を持っています。（「力を与える」と言うよりは、「力を持っている、力となっている」と言った方が、日本語らしい言い方である。）

5. <u>優れた人材をたくさん育てています。</u>
    →優秀な人材をたくさん社会に輩出しています。（「人材を社会に輩出する」と言う表現は決まった言い方であるから、覚えておいた方が良い。）

6. <u>さらに貴社には社員に対するいい政策があります。貴社で発展の空間がいい。</u>
    →他にも貴社は社員に対して、寛大な態度と政策を実施されており、社員がのびのびと働ける空間を提供しておられます。（「いい政策がある」と言う表現は曖昧で、「発展の空間」と言うのは中国語的な表現である。日本語的にいえば、上記のような表現となる。）

7. <u>貴社は自動車業界で一番有名だし、給料もけっこういいそうですね。通訳を希望します。</u>
    →貴社は、自動車業界で知名度が最も高く、社員を大事にする会社だとうかがっております。できれば通訳の仕事をしてみたいと思っております。（「自動車業界で一番有名だし、給料もけっこういいそうですね。」と言うと、相手にとって失礼な言い方になるし、「通訳を希望します。」と言うと、自分から希望を述べているので、日系企業では採用されにくくなってしまう。）

8. <u>友達はよく私のことをうるさいと言います。おしゃべりが好きで、誰とでもしゃべれます。</u>
    →友達からは少しおしゃべりだと言われますが、人見知りせず自分から積極的に話すほうです。（「うるさい」などのマイナスイメージの言葉を使わず、プラス思考になるように話す。）

9. <u>外国の文化が大体分かります。日本の祖国の美を現しています。貴社の理念は文化交流です。私の考え方と通じています。</u>
    →趣味を通して、外国の文化が理解できたり、日本の美的感覚を掴んだりできます。貴社の文化交流という理念は、私の理念とも共通しています。（相手に意味が伝わるようにするには、文と文とをつないだり、まとめたりする技術が必要である。4つの文を2つにまとめることで、より相手に分かりやすく伝わる。）

10. <u>一年生から喫茶店でアルバイトをしています。あそこでウェイトレスとして働いて、い</u>

ろいろなことが勉強になりました。
→一年生の時から喫茶店のウェイトレスとしてアルバイトし、お客様へのサービス精神を自分なりに学べました。（アルバイトをした経験を話す時は、そのアルバイトを通じて何を学んだのかを言った方が良い。その時「自分なりに」といった謙遜した言い方ができればさらに相手に好感を与えられる。）

11. 例えば、仕事に協調力と応変力を必要とします。
→例えば、仕事において、協調性、臨機応変に対応できる能力が求められます。（「～力」というより「～性」を使う方が自然。必要とするのは相手の方なので「必要とされます」、「求められます」が直した方がいい）

12. 結婚のためにとまりません。引き続き仕事を続けます。両立することができます。
→結婚しても自分の夢を追い続けながら、引き続き仕事に専念させていただきます。仕事と家庭の両立も可能です。（相手に意味が通じるように話すには、「仕事を辞めない」、「引き続き仕事をする」、「仕事と家庭を両立させる」というポイントになる言葉をはっきりと伝える。中国と日本の習慣は異なる。例えば子育ては中国の場合、自分の両親に孫の面倒を見てもらってもかまわないが、日本は自分自身で育てなければならないと考える人が多いので、もし子供が産まれたら、必然的に女性が仕事を辞めることになってしまう。しかし、結婚や育児に対する中国の習慣は日本とは違うということを面接官にはっきりと伝えることで、相手の理解と信頼を得ることも可能である。）

13. 小さいころから、自動車には興味深いです。自動車会社にも興味があります。貴社の企業理念は、社会に責任を持つ、そして中国と日本、あるいは日本と世界の関係を進めていくという理念です。関係をつなぐ橋だと思います。
→小さい頃から自動車に興味があり、自動車メーカーにも興味を持っていました。貴社の理念は社会の発展を重視し、その立場は、日中、そして日本と世界の関係をつなげていく懸け橋のような存在です。（自分が小さい頃どう思っていたか。その会社の理念は何か。その会社は今どういう立場にあるのか。この3つをはっきりと言えるのがポイントである。）

14. 月曜日の午前中は授業なので午後かけてもらえますか。
→もし授業中で電話に出られなかった場合、お手数ですが時間をおいてもう一度お電話いただけますでしょうか。（自分の都合をはっきり言い過ぎない方が良い。電話に出られないかもしれない場合、あらかじめこちらからかけてもよいか確認した方が良い。）

15. どうも。
→失礼いたします。（「どうも」はカジュアルすぎるので、礼儀正しく退室しなければ

印象が悪くなってしまう。）

【モデル会話】

部長　　：はい、どうぞ。
李さん　：失礼いたします。
部長　　：李さんですね、どうぞここにおかけください。
李さん　：はい。
（席について）
部長　　：ではさっそく、今からいくつか質問をいたしますのでお答えください。
李さん　：はい。よろしくお願いいたします。
部長　　：李さんが弊社を志望した理由はなんですか。
李さん　：貴社は、大変に有名な会社です。この業界ではとても影響力があり、社会の発展に多大な貢献をされています。さらに世界経済の発展にも、大きな影響力を持っています。
部長　　：弊社にどんな魅力を感じていますか。
李さん　：貴社は、庶民の生活にとって不可欠な部分となっています。それだけではなく、優秀な人材をたくさん社会に輩出しています。他にも貴社は社員に対して、寛大な態度と政策を実施されており、社員がのびのびと働ける空間を提供しておられます。
部長　　：その他に何かありますか。
李さん　：はい。現在広州には多くの日系企業がありますが、貴社は自動車業界で知名度が最も高く、社員を大事にする会社だとうかがっております。できれば通訳の仕事をしてみたいと思っております。
部長　　：なるほど、そうですか。では李さんは通訳を希望しているんですね。では次の質問ですが、李さんご自身についてお伺いします。履歴書に性格は明るいと書かれていますが、友人からもそう言われていますか。
李さん　：はい。友達からは少しおしゃべりだと言われますが、人見知りせず自分から積極的に話すほうです。
部長　　：では、あまり落ち込むことはないんですか。
李さん　：時々あります。しかし、またすぐ元気になれるタイプです。
部長　　：李さんの趣味は何ですか。なぜそのことに関心を持ちましたか。
李さん　：私の趣味はいろいろありますが、その中でも特に絵を描くことや、映画等を鑑賞することに最も興味があります。趣味を通して、外国の文化が理解できたり、

	日本の美的感覚を掴んだりできます。貴社の文化交流という理念は、私の理念とも共通しています。
部長	：アルバイトやボランティアの経験があれば教えてください。
李さん	：一年生の時から喫茶店のウェイトレスとしてアルバイトし、お客様へのサービス精神を自分なりに学べました。例えば、仕事において、協調性、臨機応変に対応できる能力が求められます。
部長	：結婚しても、仕事を続ける予定ですか。
李さん	：結婚しても自分の夢を追い続けながら、引き続き仕事に専念させていただきます。仕事と家庭の両立も可能です。
部長	：もし、仮に当社の社員として採用された場合、あなたはどのような会社にしていきたいですか。あなたの抱負を聞かせて下さい。
李さん	：小さい頃から自動車に興味があり、自動車メーカーにも興味を持っていました。貴社の理念は社会の発展を重視し、その立場は、日中、そして日本と世界の関係をつなげていく懸け橋のような存在です。
部長	：わかりました。では、これから3分間くらいで自己ＰＲをお願いします。
李さん	：はい。それでは始めさせていただきます。

（自己PRが終わって）

部長	：今日はおつかれさまでした。
李さん	：ありがとうございました。
部長	：今日の結果は、来週の月曜日に電話でお知らせします。
李さん	：はい、わかりました。もし授業中で電話に出られなかった場合、お手数ですが時間をおいてもう一度お電話いただけますでしょうか。
部長	：いいですよ。もし授業中でしたら後でお電話ください。
李さん	：はい。今日はありがとうございました。
部長	：こちらこそ。おつかれさま。
李さん	：失礼いたします。

（席を立って一礼）

【練習問題模範解答】

問題1

自己ＰＲの例：

（能力アピール中心型）

　私は日本語を専攻として勉強し、日本人とのコミュニケーションが得意です。日本語以

外に、英語でのコミュニケーションも出来ます。学校で総務のアシスタントとしてアルバイトをしたことにより、オフィスの運営プロセスが徐々に理解できました。コンピューターの操作も得意になりました。ボランティア活動に参加しているうちに、人とコミュニケーションをとる能力も身につけることができました。私は静かで、気配りのできる人間だと友人に言われます。もし貴社で採用していただけるのでしたら、貴社のために全力で仕事をさせて頂きたいです。

(性格及び経験アピール中心型①)
　私は大学の四年間で日本語を勉強しました。第二外国語として英語も勉強しました。日本語でも、英語でも、普通にコミュニケーションがとれます。パソコンの知識を活かして、ファイルの処理等もできるようになりました。学校での学習のほかに、社会勉強として、アルバイトをし、先生のアシスタントを担当しました。このような仕事を通して、責任感も強まりました。性格は、何事に対しても執着をもつ性格で、どんな仕事でも、一旦始めたら、成功するまで、ずっと続けるような性分をもっています。将来の目標は、貴社の素晴らしい製品を中国の市場で広めたいと思っています。自分の力を精一杯発揮して、貴社の力となれるよう、頑張っていこうと思います。

(性格及び経験アピール中心型②)
　私は○○（氏名）と申します。今年の五月に広東外語外貿大学を卒業しました。私はいつも元気なので、友人や家族などにも性格が明るくて気配りができる人間だとよく言われます。私の趣味は旅行です。旅行する時、各地の文化や風習を学んだり、さまざまな人と友達になったりすることは、私にとって一番有意義なことです。その他に、私は車の運転やピアノを弾くこともできます。大学時代、日中文化交流グループの委員として、日本の茶室で働いたことがあります。ですから、日本の茶道を少し勉強することができました。それに、日本婦人会の委員と一緒に仕事をしたこともありますので、日本婦人会の委員の方々は、私にいろいろな日本人の習慣について、教えてくれました。もし貴社に採用していただければ、私は周りの社員の方々と協力して、一生懸命に仕事をしようと思います。

問題2．面接で聞かれそうな質問例
1. なぜ当社に応募したのですか。
2. 感動した本を一冊挙げて、紹介してください。
3. あなたの長所と短所を話してください。
4. 当社について知っていることを話してください。
5. あなたは英語がどのくらいできますか。

6. 大学の4年間で何かに夢中になったことがありますか。
7. 今まで日本語を学んできて、一番難しかったことは何ですか。
8. 日本人について、どんなイメージを持っていますか。
9. 当社に入社した場合、どんな仕事をしてみたいですか。
10. 悩みがあった場合、どのように解決しますか。

第十一课　生日派对

【間違い例】

（洋子さんから李さんへ電話）
李さん　　：はい、李です。
洋子さん：洋子です。李さん、今電話大丈夫ですか。
李さん　　：ああ、洋子さんですか。いや、大丈夫ですよ。1
洋子さん：李さん、実はちょっと相談したいことがあるんですけど。
李さん　　：はい、何でしょうか。
洋子さん：実は今度の日曜日が主人の誕生日なので、主人の同僚の方に集まっていただいて
　　　　　　お食事でもどうかなと思っているんですが、李さんのご都合はいかがですか。
李さん　　：田中さんのお誕生日なんですか。おめでとうございます。ぜひ私もご一緒させて
　　　　　　ください。

洋子さん：あの、前から思っていたんですけど、李さんの先輩に陳さんっていう方いますよね。実は陳さんにご紹介したい方がいるんです。

李さん　：そうなんですか。<u>陳先輩も実は恋人ができたいです。2</u>ところで、どんな方ですか。

洋子さん：主人の部下の岡田さんなんですけど。

李さん　：あ、岡田さんなら前に一度お会いしたことがあります。<u>確か彼は優しいので温厚な人です。3</u>

洋子さん：陳さんが恋人募集中ならちょうどよかった。ぜひ李さんから陳さんに日曜日の夜ご都合がいいかどうか、聞いてみてもらえませんか。

李さん　：はい、分かりました。では、陳先輩に伝えておきます。時間と場所が決まり次第、<u>またご連絡をくれますか。4</u>

（当日レストランで）

李さん　：田中さん、お誕生日おめでとうございます。

陳さん　：お誕生日おめでとうございます。今日はお招きありがとうございます。

田中さん：李さん、陳さん、ありがとうございます。せっかくのお休みの日に、すみません。

李さん　：いいえ、とんでもありません。田中さん、プレゼント何がいいか迷ったんですけど、陳さんといっしょに決めました。洋子さんとお揃いのものにしました。

田中さん：わざわざすみません。ありがとうございます。

李さん　：じゃ田中さん、開けてみてください。

田中さん：そうですか。じゃ。（プレゼントを開ける）本当にお揃いですね。ありがとう。

洋子さん：あら、かわいいコーヒーカップ、ありがとうございます。

陳さん　：<u>喜ばせてあげて嬉しいです。5</u>

洋子さん：あ、主人の会社のみなさんがいらっしゃいました。では、みなさん、こちらのお席にどうぞ。今日は遠慮なくたくさん召し上がってくださいね。

田中さん：陳さん、こちらはうちの会社で営業を担当してもらっている部下の岡田健一さんです。
陳さん　：初めまして。陳と申します。今日は皆さんにお会いできて、大変ありがたいです。6
田中さん：岡田君はとても優秀な社員で、部下に対する面倒見もいいし、将来もうちの会社にとって欠かせない重要な人材です。
陳さん　：そうなんですか。素晴らしい方ですね。岡田さん、中国にはもうずっといるんですか。7
岡田さん：まだ1年経ったばかりです。中国へは今回の赴任が初めてです。
陳さん　：そうですか。中国での生活は、日本とはきっと違うでしょうね。岡田さんの故郷はどちらですか。
岡田さん：私は東京出身です。生まれてから去年まで、ずっと東京です。
陳さん　：東京なんですか。私は東京へは行ったことがまだありません。ところで、岡田さんの趣味は何ですか。
岡田さん：趣味はたくさんありますが、映画鑑賞やスポーツはよくやりますよ。陳さんの趣味は何ですか。
陳さん　：私はスポーツなら、バドミントンが好きです。
岡田さん：そうですか。では、ぜひ今度一緒にやりましょう。
陳さん　：はい、ありがとうございます。
岡田さん：食べ物ではどんなものがお好きなんですか。
陳さん　：私は広東料理なら何でも好きです。日本料理なら肉じゃがとか、カレーが好きです。日本の酢豚もとても美味しいです。忘れられないことになりました。8
岡田さん：カレーは日本料理じゃないですね、ははは。
陳さん　：あ、そうでした。カレー料理はインドでした。9ははは。私はカレーを作ることが上手です。10
岡田さん：そうなんですか。ではバドミントンをした後、陳さんのカレーを食べてみたいですね。
陳さん　：ははは。よろしいですよ。11家まで来てくれたらごちそうしますよ。しかし、中国の男はやさしいから、女性に料理をくれる男が多いなんですよ。12
岡田さん：あ、中国の男性ってみんなそうなんですか。私は正直言うと、料理は苦手なんです。
陳さん　：…。（しばらく無言のあと）なぜ料理ができませんか。13
岡田さん：…。（しばらく無言）
李さん　：岡田さん、陳先輩はいつも寿司が好きです。14
岡田さん：お寿司ですか。中国ではけっこう人気がありますね。そうだ、陳さん、何か飲み

物でもいかがですか。
陳さん　　：ああ、はい。すいません、話に夢中で飲み物を注文するのを忘れてました。
岡田さん　：陳さんって面白い方ですね。
陳さん　　：<u>ところで、さっきの料理の話なんですが。15</u>
岡田さん　：…。
洋子さん　：みなさん、それでは、そろそろケーキを食べたいと思いますがいかがでしょうか。
田中さん　：今日は本当にみなさんに集まっていただいて、うれしい誕生日になりました。若いみなさんといっしょに過ごせて、誕生日というよりひとつ若くなったような気がします。では…。（キャンドルを吹き消す）
全員　　　：おめでとうございます。（拍手）

【間違い例の解説】

1. <u>いや、大丈夫ですよ。</u>
   →ええ、大丈夫ですよ。（「いや」と言うと、否定なので今電話はできませんという意味が後ろに来ないとおかしい。）
2. <u>陳先輩も実は恋人ができたいです。</u>
   →実は陳先輩もいい方がいたら、お付き合いしたいと思っているみたいですよ。（「できたいです」という言い方はできない。「恋人ができる、できない」という表現は使えるが、誰かとお付き合いしたいときは「付き合ってみたい、お付き合いしたい。」という表現が適切である。また、「恋人を探しています」、「恋人募集中です」という表現もよく使われる。）
3. <u>確か彼は優しいので温厚な人です。</u>

→確か彼は優しくて、温厚な人だったと思います。（「優しいので温厚な人」というのは、その人に対する印象を説明する場合には、適さない表現である。「優しくて、温厚な」と並列でつなぐのが最も適切である。）

4. またご連絡をくれますか。

→またご連絡していただけますでしょうか。（「ご連絡をくれますか？」という表現は、「ご連絡」という丁寧語に対して、「くれますか？」という普通の表現が合っていない。「ご連絡」に対しては、「いただけますでしょうか？」という表現が最も適切である。）

5. 喜ばせてあげて嬉しいです。

→喜んでいただけてうれしいです。（「喜ばせる」は誰かに何かをしてあげて相手を楽しい気持ちにさせること、「あげる」はものを贈ったり相手に何らかの行為をしてあげる意味があるが、その場合は「喜ばせてあげることができて嬉しい」になる。しかし、自分からそのような言い方は普通しない。相手に配慮した言い方、こちらが下手に出るようにしよう。）

6. 大変ありがたいです。

→大変光栄です。（「ありがたい」はこの場では適さない。誰かに会った時は、「お会いできて光栄です」という表現が最も一般的である。）

7. 中国にはもうずっといるんですか。

→中国にいらっしゃってどのくらい経つんですか。（相手にここに来てどのくらいの時間が経つのかを聞きたいときは、「ずっといる」ではなく「どのくらい」と疑問形にする。もう長い時間いるのではないかと確認したい時は、「中国にはもうお長いんですか」と聞いてもよい。）

8. 忘れられないことになりました。

→忘れられない味です。（「忘れられないことになりました」というのは日本語的に少し無理がある。ここでは美味しいということを表現できる「忘れられない味」という言い方を使った方が適切である。）

9. カレー料理はインドでした。

→カレーはインド料理でした。（「カレー料理」という言葉はない。「カレーライス」、「カツカレー」といった料理名は存在するが、料理の範囲は一般的に「国名」や「地域名」が料理の前に付く。）

10. 私はカレーを作ることが上手です。

→私はカレーの味には自信があります。（日本語的に「私はカレーを作ることが・・・」と言っても何の問題もないが、口語的な表現にするならば、「カレーには自信がある」といった方が、より相手に意味が伝わりやすい。）

11. <u>よろしいですよ。</u>
    →もちろん、いいですよ。（「よろしい」というのは相手の行動に対して使う言葉であり、自分に対して使ったり、返答で用いたりするのは、間違った使い方である。）

12. <u>しかし、中国の男はやさしいから、女性に料理をくれる男が多いなんですよ。</u>
    →でも、中国の男性は親切なので、女性に料理を作ってくれる男性が多いんですよ。（しかし→でも、男、女→男性、女性のように口語的な表現や丁寧な表現を使うほうが自然である。「料理をくれる」は「料理をしてくれる」とか「作ってくれる」という表現が正しい。「多いなんですよ」は、中国の学生によく見られる間違った言い方である。）

13. <u>なぜ料理ができませんか。</u>
    →お料理は普段なさいませんか。（「なぜ料理ができませんか」と聞くと、相手に料理を作れないなんてどういうことだ、信じられないと非難している感じがして、そのような聞き方をこの場ですると雰囲気を壊してしまうので、楽しい雰囲気の場では避けるのが常識である。）

14. <u>岡田さん、陳先輩はいつも寿司が好きです。</u>
    →岡田さん、陳先輩はお寿司が大好きですよ。（「いつも寿司が好きです」という言い方は間違っている。「いつも好き」ではなく、「大好きです」とそのまま表現するのが正しい。）

15. <u>ところで、さっきの料理の話なんですが。</u>
    →あ、先ほどは失礼いたしました。料理の話はまた次回で。（相手が料理に対して苦手であることを否定的に感じた後であるから、やはり少し謝ってから、次の話題へと移すのがこの場では適しているだろう。自分の言いたいことだけを言うのは避けた方がよい。）

【モデル会話】

（洋子さんから李さんへ電話）

李さん　　：はい、李です。
洋子さん：洋子です。李さん、今電話大丈夫ですか。
李さん　　：ああ、洋子さんですか。ええ、大丈夫ですよ。
洋子さん：李さん、実はちょっと相談したいことがあるんですけど。
李さん　　：はい、何でしょうか。
洋子さん：実は今度の日曜日が主人の誕生日なので、主人の同僚の方に集まっていただいてお食事でもどうかなと思っているんですが、李さんのご都合はいかがですか。

李さん　　：田中さんのお誕生日なんですか。おめでとうございます。ぜひ私もご一緒させてください。

洋子さん　：あの、前から思っていたんですけど、李さんの先輩に陳さんっていう方いますよね。実は陳さんにご紹介したい方がいるんです。

李さん　　：そうなんですか。陳先輩もいい方がいたらお付き合いしてみたいと思っているみたいですよ。ところで、どんな方ですか。

洋子さん　：主人の部下の岡田さんなんですけど。

李さん　　：あ、岡田さんなら前に一度お会いしたことがあります。確か彼は優しくて、温厚な人だったと思います。

洋子さん　：陳さんが恋人募集中ならちょうどよかった。ぜひ李さんから陳さんに日曜日の夜ご都合がいいかどうか、聞いてみてもらえませんか。

李さん　　：はい、分かりました。では、陳先輩に伝えておきます。時間と場所が決まり次第、またご連絡していただけますでしょうか。

（当日レストランで）

李さん　　：田中さん、お誕生日おめでとうございます。

陳さん　　：お誕生日おめでとうございます。今日はお招きありがとうございます。

田中さん　：李さん、陳さん、ありがとうございます。せっかくのお休みの日に、すみません。

李さん　　：いいえ、とんでもありません。田中さん、プレゼント何がいいか迷ったんですけど、陳さんといっしょに決めました。洋子さんとお揃いのものにしました。

田中さん　：わざわざすみません。ありがとうございます。

李さん　　：じゃ田中さん、開けてみてください。

田中さん　：そうですか。じゃ。（プレゼントを開ける）本当にお揃いですね。ありがとう。

洋子さん　：あら、かわいいコーヒーカップ、ありがとうございます。

陳さん　　：喜んでいただけてうれしいです。

洋子さん　：あ、主人の会社のみなさんがいらっしゃいました。では、みなさん、こちらのお席にどうぞ。今日は遠慮なくたくさん召し上がってくださいね。

田中さん　：陳さん、こちらはうちの会社で営業を担当してもらっている部下の岡田健一さんです。

陳さん　　：初めまして。陳と申します。今日は皆さんにお会いできて、大変光栄です。

田中さん　：岡田君はとても優秀な社員で、部下に対する面倒見もいいし、将来もうちの会社にとって欠かせない重要な人材です。

陳さん　　：そうなんですか。素晴らしい方ですね。岡田さん、中国にいらっしゃってどのくらい経つんですか。

岡田さん　：まだ１年経ったばかりです。中国へは今回の赴任が初めてです。

陳さん　　：そうですか。中国での生活は、日本とはきっと違うでしょうね。岡田さんの故郷はどちらですか。
岡田さん：私は東京出身です。生まれてから去年まで、ずっと東京です。
陳さん　　：東京なんですか。私は東京へは行ったことがまだありません。ところで、岡田さんの趣味は何ですか。
岡田さん：趣味はたくさんありますが、映画鑑賞やスポーツはよくやりますよ。陳さんの趣味は何ですか。
陳さん　　：私はスポーツなら、バドミントンが好きです。
岡田さん：そうですか。では、ぜひ今度一緒にやりましょう。
陳さん　　：はい、ありがとうございます。
岡田さん：食べ物ではどんなものがお好きなんですか。
陳さん　　：私は広東料理なら何でも好きです。日本料理なら肉じゃがとか、カレーが好きです。日本の酢豚もとても美味しいです。忘れられない味です。
岡田さん：カレーは日本料理じゃないですね、ははは。
陳さん　　：あ、そうでした。カレーはインド料理でした。ははは。私はカレーの味には自信があります。
岡田さん：そうなんですか。ではバドミントンをした後、陳さんのカレーを食べてみたいですね。
陳さん　　：ははは。もちろん、いいですよ。家まで来てくれたらごちそうしますよ。でも、中国の男性は親切なので、女性に料理を作ってくれる男性が多いんですよ。
岡田さん：あ、中国の男性ってみんなそうなんですか。私は正直言うと、料理は苦手なんです。
陳さん　　：…。（しばらく無言のあと）お料理は普段なさいませんか。
岡田さん：…。（しばらく無言）
李さん　　：岡田さん、陳先輩はお寿司が大好きですよ。
岡田さん：お寿司ですか。中国ではけっこう人気がありますね。そうだ、陳さん、何か飲み物でもいかがですか。
陳さん　　：ああ、はい。すいません、話に夢中で飲み物を注文するのを忘れてました。
岡田さん：陳さんって面白い方ですね。
陳さん　　：あ、先ほどは失礼いたしました。料理の話はまた次回で。
岡田さん：…。
洋子さん：みなさん、それでは、そろそろケーキを食べたいと思いますがいかがでしょうか。
田中さん：今日は本当にみなさんに集まっていただいて、うれしい誕生日になりました。若いみなさんといっしょに過ごせて、誕生日というよりひとつ若くなったような気がします。では…。（キャンドルを吹き消す）

全員　　：おめでとうございます。（拍手）

【練習問題模範回答】

4.

陳　　：日本の方ですか。

杉浦：はい。以前にどこかでお会いした気がしますが…。

陳　　：昨年の8月に中日学生会議でお会いしたのではないでしょうか…。陳と申します。

杉浦：私は杉浦と申します。吉岡さんは私の二胡の先生なので、今日はお祝いに来ました。

陳　　：そうですか。私は先月から二胡を習い始めました。

杉浦：先月からですか。それはどうしてですか。

陳　　：小学校からピアノを習っていましたが、ヨーロッパの古典が中心でした。最近になって、中国の音楽をしっかりと身に付けようと思うようになったのです。

杉浦：私は習い始めて2年たちましたが、まだまだです。中国の音楽について、これからも陳さんとお話ができれば、うれしいです。

陳　　：そうですね。私のメールアドレスをお知らせします。

杉浦：ありがとうございます。ここで陳さんにお会いできて、今日は本当によかったです。

陳　　：こちらこそ、杉浦さんのアドレスも教えていただけますか。

第十二课　参观学校

【間違い例】

（学校の正門で鈴木さんがタクシーから降りる）

鈴木さん：あの、福岡から参りました鈴木ですが、李さんと陳さんでいらっしゃいますか。

李さん　：はい。広東外語外貿大学の李です。鈴木さん、どうもはじめまして。1

陳さん　：鈴木さん、ご苦労様です。私は陳です。2

鈴木さん：初めまして。今日はよろしくお願いします。私は中国語がまったくダメなんですよ。

李さん　：私の日本語が足りないところもあります。3でもがんばりますので、よろしくお願いいたします。

陳さん　：まずキャンパスを歩いてみて、パーティーのところへ行きましょう。4

鈴木さん：はい。ではお願いします。

陳さん　：これは第一教学棟で、5階には日本語学科の事務所や研究室があります。

鈴木さん：では授業もここでするんですか。
李さん　：いいえ、授業はあっちのビルやいろいろなところでやります。5
鈴木さん：緑が多くて気持ちがいいキャンパスですね。
陳さん　：はい、そうですね。気持ちがよさそうです。6
李さん　：ここは図書館です。静かなのでここへ来て勉強する学生が多いです。本もたくさんあります。7
陳さん　：鈴木さん、あっちへ行くとスーパーがあります。行きましょうね。8
鈴木さん：はい。行ってみましょう。

（交流パーティーで）
鈴木さん：盛大なパーティーを開いていただいて、大変感銘を受けました。中国の管理職の方たちは皆さんお若いので驚きましたよ。
李さん　：そうですね、日本人と比べると中国人の偉い人のほうが若いですね。9
陳さん　：鈴木さん、料理が熱いときに食べてください。10
鈴木さん：はい、ありがとうございます。おいしそうですね、ではいただきます。
陳さん　：日本人はどうして生のものが好きですか。体に悪いんじゃないか。11
鈴木さん：どうしてかというのはちょっと難しいですが…日本は海に囲まれていますから、昔から魚を食べています。生の刺身などはやはり新鮮でないと食べられませんから、寿司は新鮮な食べ物だという意識があるんですよ。中国では生のものはあまり食べないと聞きましたが…。
李さん　：はい。一般的に中国人は生ものといえば果物とサラダくらいしか食べません。鈴木さん、この肉も食べましょう。どうぞ。（自分の箸で鈴木さんに料理を取ってあげる）12
鈴木さん：あ、すみません。取っていただいて。

陳さん　：<u>日本人はどうしてすぐすみませんといいますか。悪いことは何もないですね。13</u>
鈴木さん：そうですね。面白い質問ですね。ところで、どうして中国では生ものを食べないんですか。
李さん　：<u>体に悪いですね。14</u>
陳さん　：<u>清潔じゃありませんから。それに温かいほうがおいしいです。15</u>

【間違い例の解説】

1. 「鈴木さん、どうもはじめまして。」
   鈴木さん、はじめまして。今日通訳を担当させていただきますので、よろしくお願いいたします。（「どうも」は普通顔見知りの人や馴染み深い人に使うので、初対面ではなれなれしし過ぎる）

2. 「ご苦労様です。私は陳です。」
   ようこそおいでくださいました。私は陳と申します、よろしくお願いいたします。（「ご苦労様」は自分の部下などを労う言葉なので不適切。「長旅お疲れ様でした」などでも良いだろう）

3. 「私の日本語が足りないところもあります。」
   まだ勉強中ですのでうまく通訳できないこともあると思います。（「日本語が足りない」という表現はおかしいので、相手に謙遜していることがわかってしまっても、やはり遠慮深く話すのが日本人的ではある）。

4. 「キャンパスを歩いてみて、パーティーのところへ行きましょう。」
   キャンパスをご案内してからパーティー会場へ向かおうと思っておりますが、よろしいでしょうか。（お客様を案内するとき、こちらが勝手に予定を決めるのではなく、相手

にも確認しながら聞いたほうがよい）

5. 「授業はあっちのビルやいろいろなところでやります。」
キャンパス内には全部で六つの教学棟がありますので、授業によって教室を移動します。（「あっち」「いろいろ」という表現は、親しい人との会話やはっきり言わなくても相手にも通じるという場合でなければ使わない）

6. 「そうですね。気持ちがよさそうです。」
はい。とても気持ちのいいキャンパスです。（このキャンパスに住んで勉強している人が「気持ちがよさそう」と言うのはまるで他人の話をしているようでおかしい）

7. 「本もたくさんあります。」
蔵書数もとても多く、学生だけでなく先生方も利用されています。（図書館に本がたくさんあるのはあたりまえ。蔵書数などのデータがあればそれを含めて話したほうが相手も喜ぶだろう）

8. 「鈴木さん、あっちへ行くとスーパーがあります。行きましょうね。」
鈴木さん、あちらにスーパーがあるのですが、中国のスーパーをご覧になられるのはいかがでしょうか。（「行きましょうね」は多少強引過ぎるので、相手に興味を持たせるような言い方を心がける）

9. 「日本人と比べると中国人の偉い人のほうが若いですね。」
中国の代表はわりと若い方が多いとよくいわれているようです。（大勢の人のトップに立つような人を直接「偉い人」という言い方をしない。その場に合わせて「代表」「トップ」「管理職」「オーナー」など使い分ける。また「お偉いさん」と言う言い方は相手をばかにした言い方なので絶対にしないこと）

10. 「料理が熱いときに食べてください。」
料理が来ましたので、温かいうちにぜひお召し上がりください。（「食べる」ではなく「召し上がる」を使うことができれば、日本語が上手だと思われるだろう）

11. 「日本人はどうして生のものが好きですか。体に悪いんじゃないか。」
日本人の方は普段もよく生ものを召し上がるんですか。（「どうして」と聞かれるとなかなかうまく答えられないこともある。「〜じゃないか」というのは最も失礼に当たり、この言い方を使ってしまい失敗した経験を持つ人も多いので、絶対にしてはいけない間違い。男性、特に目上の人が下の人に使うとき以外、誰も使わないので、特に女性は注意すること）

12. 「この肉も食べましょう。どうぞ。」
こちらは鴨のお肉ですが、鈴木さんいかがですか。（「食べましょう」と言われたら招待された側はなかなか断れない。「〜はいかがですか」と尋ねたほうが親切）

13. 「日本人はどうしてすぐすみませんといいますか。悪いことは何もないですね。」

日本人の方は大変遠慮深いと先生にお聞きしましたが、ご遠慮なさらずにお好きなものを取って召し上がってください（日本人がなぜすぐ「すみません」と言ってしまうかなど、日本人の行動や言動について質問するときには場を選ぶこと）。

14.「体に悪いですね。」
おそらく習慣がないですし、体によくないと言う人も多いんです（はっきりとした根拠がなければ一概に体に悪いとはいえないし、接待の場では和やかな話題をするように心がけよう）。

15.「清潔じゃありませんから。それに温かいほうがおいしいです。」
衛生的ではないと考えている人も多いようです。それに中国人はやはり温かい料理を食べる習慣もありますので。（あまりにも直接的に相手（または相手の国）を貶す（けなす）ような表現はやめよう）

【モデル会話】

（学校の正門で鈴木さんがタクシーから降りる）

鈴木さん：あの、福岡から参りました鈴木ですが、李さんと陳さんでいらっしゃいますか。

李さん　：はい。広東外語外貿大学の李です。鈴木さん、はじめまして。今日通訳を担当させていただきますので、よろしくお願いいたします。

陳さん　：鈴木さん、ようこそおいでくださいました。私は陳と申します、よろしくお願いいたします。

鈴木さん：初めまして。今日はよろしくお願いします。私は中国語がまったくダメなんですよ。

李さん　：まだ勉強中ですのでうまく通訳できないこともあると思います。でもがんばりますので、よろしくお願いいたします。

陳さん　：まずキャンパスをご案内してからパーティー会場へ向かおうと思っておりますが、よろしいでしょうか。

鈴木さん：はい。ではお願いします。

陳さん　：これは第一教学棟で、5階には日本語学科の事務所や研究室があります。

鈴木さん：では授業もここでするんですか。

李さん　：いいえ、キャンパス内には全部で六つの教学棟がありますので、授業によって教室を移動します。

鈴木さん：緑が多くて気持ちがいいキャンパスですね。

陳さん　：はい、はい。とても気持ちのいいキャンパスです。

李さん　：ここは図書館です。静かなのでここへ来て勉強する学生が多いです。蔵書数もとても多く、学生だけでなく先生方も利用されています。

陳さん　　：鈴木さん、あちらにスーパーがあるのですが、中国のスーパーをご覧になられるのはいかがでしょうか。

鈴木さん：はい。行ってみましょう。

（交流パーティーで）

鈴木さん：盛大なパーティーを開いていただいて、大変感銘を受けました。中国の管理職の方たちは皆さんお若いので驚きましたよ。

李さん　　：そうですね、中国の代表はわりと若い方が多いとよくいわれているようです。

陳さん　　：鈴木さん、料理が来ましたので、温かいうちにぜひお召し上がりください。

鈴木さん：はい、ありがとうございます。おいしそうですね、ではいただきます。

陳さん　　：日本人の方は普段もよく生ものを召し上がるんですか。

鈴木さん：どうしてかというのはちょっと難しいですが…。日本は海に囲まれていますから、昔から魚を食べています。生の刺身などはやはり新鮮でないと食べられませんから、寿司は新鮮な食べ物だという意識があるんですよ。中国では生のものはあまり食べないと聞きましたが…。

李さん　　：はい。一般的に中国人は生ものといえば果物とサラダくらいしか食べません。鈴木さん、こちらは鴨のお肉ですが、鈴木さんいかがですか。

鈴木さん：あ、すみません。取っていただいて。

陳さん　　：日本人の方は大変遠慮深いと先生にお聞きしましたが、ご遠慮なさらずにお好きなものを取って召し上がってくださ。

鈴木さん：そうですね。面白い質問ですね。ところで、どうして中国では生ものを食べないんですか。

李さん　　：おそらく習慣がないですし、体によくないと言う人も多いんです。

陳さん　　：衛生的ではないと考えている人も多いようです。それに中国人はやはり温かい料理を食べる習慣もありますので。

【練習問題模範解答】

1. 日本人を案内したり、接待する時、簡単なことなのになかなかうまく言えないという表現はありませんか。以下にいくつか挙げますので、ペアになってどんな表現が一番的確か話し合ってみましょう。

　① トイレに行きたいかどうか聞きたいとき

　　例：（暗示させる）「次の目的地まで車で１時間はかかりますが…」

　　　　　　　　　　　「移動に１時間ぐらいかかりますが、途中で休憩ができないようです。」

　　　　　（一緒に行く）「私トイレに行こうと思いますが、〇〇さんは…。」
　　　　　　　　　　　　「あそこにトイレがあるので、行ってきますね…。」
②何か困っていることがあるかどうか聞きたいとき
例：（相手が何か探している様子）「あの、何かお探し物ですか。」
　　　（困ったような表情）「あの、何かありましたか。」
　　　　　　　　　　　　「何かありましたら、おっしゃってくださいね。」
③クーラーをつけたほうがいいかどうか聞きたいとき
例：（相手が汗をかいている）「暑いですよね、クーラー今つけますね。」（相手に
　　　　　　　　　　　　聞かずにつける）
　　　　　　　　　　　　「クーラーつけないと暑くてたまりませんね」
④使い方がわかるかどうか聞きたいとき
例：（相手が困っている様子）「結構難しいですよね…。」
　　　（自分がやり方がわかる場合）「ちょっとやらせていただいてもよろしいですか。」
⑤料理の味、その場所などをどう思うか聞きたいとき
例：「この店の料理は〇〇さんのお口に合いますか？」
　　　「やはりふるさとのおふくろの味とはちょっと違うでしょうね…。」

4.
近藤：もしもし。Bさんですか、私は先日の交流ーパーティーでお会いしたAですが。
宋　：あ、Aさん、はい。
近藤：あの、お昼休みにお電話してすみません。今よろしいでしょうか。
宋　：はい、だいじょうぶです。どうぞ。
近藤：実は、中国語の授業で必要な本を借りたいんですが、まだ来たばかりなので何
　　　もわからなくて…。
宋　：図書館で本を借りるんですね。
近藤：ええ、そうなんです。
宋　：図書館のカードはもう作りましたか。
近藤：図書館のカードですか、いいえ、まだです。
宋　：ではまずカードを作りに行きましょうか。午後でよろしければごいっしょします
　　　よ。
近藤：え、いいんですか。すみません。
宋　：いいえ、だいじょうぶです。
近藤：どこで作るんですか、カードは。
宋　：中央棟の一階に学生課があります。そこでカード類は発行してくれるんで
　　　すよ。

近藤：そうですか。何か持っていくものはありますか。
宋　：証明写真が一枚必要です。大きさはあまりこだわらないと思いますよ。
近藤：そうですか。丁度学生証を作ったときの写真がありますので、持って行きます。
宋　：そうですね、丁度いいですね。では2時半に第3学食の前で待ち合わせましょうか。ご都合はいかがですか。
近藤：はい、わかりました。ほんとうにありがとうございます。では後でまた。
宋　：とんでもありません。お役に立てて嬉しいですよ。では後で。
近藤：はい。失礼します。

第十三课　介绍朋友

【間違い例】

（李さんが中国語を教えている…）

洋子さん：今日はちょっと難しいね。もうそろそろ時間ね。

李さん　：そうですね。今日勉強したところで、何か分からない所がありますか。

洋子さん：ええと…。

（ピンポーン）

李さん　：ああ、そうだ。今日は中国語を勉強したいという人が来ることになってたんです。<u>ちょっと約束の時間より早く来たんですね。1</u>

洋子さん：どうぞどうぞ、私はかまいませんよ。

李さん　：<u>じゃ、ちょっと失礼。2</u>

（ドアを開ける）

渡辺さん：こんにちは。予定より早く着いてしまって申し訳ありません。おじゃまします。

李さん　：渡辺さん、こんにちは。遠慮しないで入ってください。3
この人は田中洋子さんです。4
ご主人は日本の貿易会社の広州支社で働いています。5

洋子さん：はじめまして。田中と申します。李さんに一年前から中国語を教わっています。どうぞよろしくお願いします。

李さん　：洋子さん、こちらは渡辺さんと言います。渡辺さんは華道の先生で、生け花を教えています。6

渡辺さん：渡辺です。よろしくお願いいたします。

洋子さん：私は華道のことはあまりよく知らないんです。

渡辺さん：いえいえ、かまいませんよ。華道よりも生け花の方が簡単です。

李さん　：でも面白いです。7 ぜひ、洋子さんも勉強したらどうですか。8

洋子さん：ええ。チャンスがあれば、ぜひやってみたいです。

李さん　：私もやりたいです。9

渡辺さん：よかったら、生け花の展示会をやるので、ぜひいらっしゃってください。

洋子さん：まあ、そうなんですか。ぜひ見させていただきたいです。

李さん　：渡辺さんは、中国の人たちに日本文化を伝えたいと考えて、生け花を教えているんですよ。10

洋子さん：それは素晴らしいですね。私も中国と日本の文化交流に関係したイベントや習い事には、大変興味を持っています。

李さん　：私も以前日本語を勉強していた時に、日本文化をいろいろ教えてくれた忘れられない先生がいました。11
その先生は、非常に中国の文化が好きでした。12
日本文化と中国文化の関係について話してくれたり、13 私によく日本料理を作ってくれたり、私が中国の料理を作って、先生が私の料理を食べることもよくあ

りました。14

渡辺さん：お二人とも文化交流には興味がおありのようですね。華道について少し説明をさせて頂きますと、生け花の方は易しいのですが、正式な華道となると、いろいろな流派があって、ちょっと分かりづらいですよね。池坊（いけのぼう）、草月（そうげつ）、小原（おはら）、龍生（りゅうせい）、華道遠州（かどうえんしゅう）とか、今では392派もあるそうですよ。

洋子さん：たくさんあるんですね。そう言えば、私は以前日本で華道家の假屋崎省吾（かやざき：姓、しょうご：名）さんという方のお名前を伺ったことがございます。

渡辺さん：ええ、そのせいか最近若い方で生け花を習いたいという方が多いんですよ。

洋子さん：私もぜひ渡辺先生のお教室に伺いたいです。

李さん：実は今度の日本領事館が主催する日本文化交流会で、渡辺さんが華道の紹介をするそうです。15

渡辺さん：ええ、そうなんです。もしご都合がよろしければ、ぜひ見にいらしてください。

洋子さん：はい。ぜひ伺って拝見したいと思います。あ、もうこんな時間。では、私はそろそろお先に失礼いたします。

渡辺さん：また、近いうちにお会いしましょう。

洋子さん：ええ、そうですね、ぜひ。それでは、失礼いたします。

李さん：じゃ、洋子さん、またお電話します。お気をつけて。

洋子さん：ええ、さようなら。

 【間違い例の解説】

1. ちょっと約束の時間より早く来たんですね。
    →ちょっと約束の時間より早く到着されたようです。（「来たんですね」という言い方は明らかにおかしい。「到着されたようです」ときちんと敬語を使うこと。）
2. じゃ、ちょっと失礼。
    →では、申し訳ありませんが、ちょっと失礼します。（「じゃ」という言い方は失礼。「申し訳ありませんが」と丁寧に断っていくのが常識だろう。）
3. 遠慮しないで入ってください。
    →ご遠慮なさらず、どうぞお入りください。（「遠慮しないで」も「入ってください」も、すべて直接的な言い方なので、敬語に直して使うのがお客さんへの礼儀である。）
4. この人は田中洋子さんです。
    →こちらは、田中洋子さんとおっしゃいます。（誰かを紹介する時は、当然「こちらは」を使う。「〜さんですよ」よりは、「〜さんとおっしゃいます」の方がもっと丁

寧な表現である。）

5. <u>ご主人は日本の貿易会社の広州支社で働いています。</u>
   →ご主人は、日本の貿易会社の広州支社で働いていらっしゃいます。（「います」ではなく、「いらっしゃいます」と敬語を使うのがこの場では適切である。）

6. <u>渡辺さんは華道の先生で、生け花を教えています。</u>
   →渡辺さんは華道の先生で、生け花を教えていらっしゃいます。（「教えています」という表現は、直接過ぎてここでは使えない。「いらっしゃいます」あるいは、「開かれています」といった敬語にするほうがよい。）

7. <u>でも面白いです。</u>
   →確かに生け花は見ていて面白そうだと感じます。（「でも、面白いです」というのは少し意味が伝わりにくい。「面白そうだと感じます」のように自分の意見をはっきりと表現する方がよい。）

8. <u>勉強したらどうですか。</u>
   →勉強されてみてはいかがですか。（「したらどうですか」と言うと、単なる押しつけになってしまう。相手の意見を尊重するなら、「してみてはいかがですか」の方が適切である。）

9. <u>私もやりたいです。</u>
   →私もぜひ挑戦してみたいです。私もぜひ参加させていただきたいのですが。（「私もやりたい」というのは子供のような表現で、相手に対する敬意も何もない自分の意見だけの言い方なので、「ぜひ」や「○○してみたい」と言うほうがよい。）

10. <u>渡辺さんは、中国の人たちに日本文化を伝えたいと考えて、生け花を教えているんですよ。</u>
    →渡辺さんは、中国の人たちに日本文化を伝えたいとお考えになり、それで生け花を教えていらっしゃるんです。（「考えて」と「いるんですよ」をちゃんと敬語に直さなければ、自分が渡辺さんより上になってしまうので、注意すること。）

11. <u>日本文化をいろいろ教えてくれた忘れられない先生がいました。</u>
    →日本文化をいろいろ教えてくださった先生のことが忘れられません。（「教えてくれた」の部分を敬語にすれば、その先生への敬意を表すことになるので、直接的な表現は避けるべきである。）

12. <u>非常に中国の文化が好きでした。</u>
    →中国の文化がとてもお好きでした。（「好きでした」よりは、目上の人なので、「お好きでした」が適切な表現となる。）

13. <u>日本文化と中国文化の関係について話してくれたり、</u>
    →日本文化と中国文化について話してくださったり、（「くれたり」を「くださったり」に直せば敬語になるので、目上の人に対する言い方を使わなければならない。）

第十三课　介绍朋友

14. 私によく日本料理を作ってくれたり、私が中国の料理を作って、先生が私の料理を食べることもよくありました。
    →私によく日本料理を作ってくださったり、私が中国の料理をお作りして、先生に差し上げることもよくありました。先生が召し上がることもよくありました。（「くださる」、「お作りする」、「召し上がる」この3つは敬語であるが、「お作りする」は、自分をへりくだる言い方で、目上の人に対して使う言い方である。）

15. 渡辺さんが華道の紹介をするそうです。
    →渡辺さんが華道の紹介をしてくださるそうです。（「するそうです」というのは敬意がこもってないので、「してくださる」とちゃんと敬語で表現するのが常識である。）

🎧 【モデル会話】

（李さんが中国語を教えている…）

洋子さん：今日はちょっと難しいね。もうそろそろ時間ね。

李さん　：そうですね。今日勉強したところで、何か分からない所がありますか。

洋子さん：ええと…。

（ピンポーン）

李さん　：ああ、そうだ。今日は中国語を勉強したいという人が来ることになってたんです。ちょっと約束の時間より早く到着されたようです。

洋子さん：どうぞどうぞ、私はかまいませんよ。

李さん　：では、申し訳ありませんが、ちょっと失礼します。

（ドアを開ける）

渡辺さん：こんにちは。予定より早く着いてしまって申し訳ありません。おじゃまします。

李さん　：渡辺さん、こんにちは。ご遠慮なさらず、どうぞお入りください。こちらは、田中洋子さんとおっしゃいます。ご主人は、日本の貿易会社の広州支社で働いていらっしゃいます。

洋子さん：はじめまして。田中と申します。李さんに一年前から中国語を教わっています。どうぞよろしくお願いします。

李さん　：洋子さん、こちらは渡辺さんと言います。渡辺さんは華道の先生で、生け花を教えていらっしゃいます。

渡辺さん：渡辺です。よろしくお願いいたします。

洋子さん：私は華道のことはあまりよく知らないんです。

渡辺さん：いえいえ、かまいませんよ。華道よりも生け花の方が簡単です。

李さん　　：確かに生け花は見ていて面白そうだと感じます。ぜひ、洋子さんも勉強されてみてはいかがですか。
洋子さん　：ええ。チャンスがあれば、ぜひやってみたいです。
李さん　　：私もぜひ挑戦してみたいです。私もぜひ参加させていただきたいのですが。
渡辺さん　：よかったら、生け花の展示会をやるので、ぜひいらっしゃってください。
洋子さん　：まあ、そうなんですか。ぜひ見させていただきたいです。
李さん　　：渡辺さんは、中国の人たちに日本文化を伝えたいとお考えになり、それで生け花を教えていらっしゃるんです。
洋子さん　：それは素晴らしいですね。私も中国と日本の文化交流に関係したイベントや習い事には、大変興味を持っています。
李さん　　：私も以前日本語を勉強していた時に、日本文化をいろいろ教えてくださった先生のことが忘れられません。その先生は、中国の文化がとてもお好きでした。日本文化と中国文化について話してくださったり、私によく日本料理を作ってくださったり、私が中国の料理をお作りして、先生に差し上げることもよくありました。先生が召し上がることもよくありました。
渡辺さん　：お二人とも文化交流には興味がおありのようですね。華道について少し説明をさせて頂きますと、生け花の方は易しいのですが、正式な華道となると、いろいろな流派があって、ちょっと分かりづらいですよね。池坊（いけのぼう）、草月（そうげつ）、小原（おはら）、龍生（りゅうせい）、華道遠州（かどうえんしゅう）とか、今では392派もあるそうですよ。
洋子さん　：たくさんあるんですね。そう言えば、私は以前日本で華道家の假屋崎省吾（かやざき：姓、しょうご：名）さんという方のお名前を伺ったことがございます。
渡辺さん　：ええ、そのせいか最近若い方で生け花を習いたいという方が多いんですよ。
洋子さん　：私もぜひ渡辺先生のお教室に伺いたいです。
李さん　　：実は今度の日本領事館が主催する日本文化交流会で、渡辺さんが華道の紹介をしてくださるそうです。
渡辺さん　：ええ、そうなんです。もしご都合がよろしければ、ぜひ見にいらしてください。
洋子さん　：はい。ぜひ伺って拝見したいと思います。あ、もうこんな時間。では、私はそろそろお先に失礼いたします。
渡辺さん　：また、近いうちにお会いしましょう。
洋子さん　：ええ、そうですね、ぜひ。それでは、失礼いたします。
李さん　　：じゃ、洋子さん、またお電話します。お気をつけて。
洋子さん　：ええ、さようなら。

第十三课 介绍朋友

【練習問題模範解答】

問題1
 問1　① ご　② お　③ お　④ お
 問2　A) 3　B) 3　C) 2　D) 3　E) 4

問題2
 問1　① お　② お　③ ×　④ お
 問2　A) 2　B) 2　C) 3　D) 2　E) 2

問題3
 問1　① お　② お　③ ご　④ ご　⑤ お
 問2　A) 2　B) 4　C) 3　D) 1　E) 4　F) 4

問題4
 問1　① ×　② お　③ ご　④ お　⑤ お
 問2　A) 4　B) 2　C) 3　D) 2　E) 1　F) 4

問題5
 問1　1 ④　2 ③　3 ②
 問2　1 ③　2 ①　3 ④　4 ①　5 ①　6 ②　7 ④　8 ①　9 ①　10 ②

第十四课　送别

【間違い例】

（送別会場のレストラン）

渡辺さん：お待たせいたしました。皆さんご用意できましたか。それでは、田中夫妻の日本でのさらなるご活躍とご健康を願って乾杯をしたいと思います。

李さん　：乾杯。

渡辺さん：李さん、ぜひ一言ご挨拶をお願いします。

李さん　：（驚いて）えー、私は日本語がまだ下手ですから、<u>難しいですよ。1</u>

洋子さん：頑張って、李さんの日本語は十分お上手ですよ。

李さん　：はい、それでは、<u>私は挨拶をします。2</u>田中さん、洋子さん、この一年間、本当にお世話になりました。私は洋子さんの中国語の<u>先生をしてあげましたが、3</u>先生と学生というよりも、人生の先輩として田中ご夫妻から<u>いろいろもらいまし</u>

た。4また、いろいろなところへ遊びにつれて行ったり、5食事をおごってくれたこと6は本当に楽しい思い出です。有難うございました。日本での新しい生活がうまくできますように7心よりお祈り申し上げます。また、中国で、あるいは日本で再会できることを心からお願いします。8どうぞ、ずっと体に気をつけて、9益々のご活躍を祈りして、10ご挨拶と代えさせて頂きます。有難うございました。

洋子さん：今日は私たちのためにこんな素晴らしい送別の会を開いて頂きまして、真にありがとうございます。短い間でしたが、皆さんと一緒に過ごせて、とても楽しかったです。李さんのおかげで中国語が少し話せるようになりました。中国のことも大好きになりました。本当にありがとうございました。

李さん：いいえ、とんでもありません。洋子さんは呑み込みが早いですし、大変努力した結果ですよ。

渡辺さん：そうですね、私も洋子さんぐらい中国語を話せればいいなぁ。

李さん：渡辺先生ならきっとおできになると思いますよ。

（空港で）

洋子さん：李さん、昨夜はいろいろと有難う。今日もわざわざ来てくださって…。

李さん：いいえ、友達だから。11

田中さん：もうそろそろ搭乗手続きの時間だよ。

洋子さん：あ、そうね。

李さん：あー、まだ話したいのに。洋子さんがいなくなっちゃうと、さびしくなるなぁ…。

洋子さん：私も李さんと別れるのは辛いですよ。

田中さん：でも、これで最後というわけではありませんから。

洋子さん：そうですね。また会えますよね。

李さん：ええ、きっと。

洋子さん：夏休みに絶対日本に遊びに来てくださいね。
李さん　：はい、日本で再会できるのを楽しみにしています。田中さんたちも、<u>チャンスがあったら12</u>中国に遊びにいらっしゃってください。<u>いつでも大歓迎しますよ。13</u>
洋子さん：日本に着いたらメールしますから、李さんも時間があったらお返事くださいね。
李さん　：はい、<u>たぶんだいじょうぶ。14</u>
田中さん：李さん、今日見送りに来てくれて有難うございました。渡辺先生にもよろしくお伝えください。
李さん　：はい、<u>じゃまたね。15</u>
洋子さん：李さんもお元気でね。
李さん　：さようなら。
田中夫妻：さようなら。

【間違い例の解説】

1. <u>難しいですよ。</u>
   とても無理です。（難しいは「易しい」の反対の意味だが、「自分には上手に出来ない、簡単にできない」というときには「無理」を使う。「難しい」は「都合が悪い」という意味にもなってしまうので注意）

2. <u>私は挨拶をします。</u>
   それでは、私からご挨拶させていただきます。（「する」のではなく、「させていただきます」）

3. <u>先生をしてあげましたが。</u>
   先生としてお付き合いさせていただきましたが、（自分から「してあげる」相手は自分より下の立場の人。洋子さんに中国語を教えていたので自分のほうが先生＝上の立場でも、社会的立場から見れば当然洋子さんのほうが上になる。またこのよう相手を立てるべき挨拶の場合は、普通相手に対して最も丁寧な表現を使う。「教えてあげた」「～や

ってあげた」も使えない。「お付き合い」は範囲も広い表現なので使いやすいため、日本人はよく使う）

4. <u>いろいろもらいました。</u>
いろいろなことを教えていただきました。（「もらう」だけだと品物をもらったようにも聞こえるので、「していただいた」でもよいが、年配の方とのお付き合いの後には「教えていただいた」がふさわしい）

5. <u>連れて行ったり。</u>
連れて行っていただいたり、（「連れて行く」というのは自分が相手を案内する場合に使う。相手がしてくれたことを丁寧に言いたいときには謙譲語の「いただいた」が使いやすい）

6. <u>おごってくれたこと。</u>
ご馳走していただいたりしたこと（「おごる」→「ご馳走する」→「ご馳走していただく」というように常に変化させられればベスト）

7. <u>うまくできますように。</u>
何事も順調に進みますように（「うまくできる」はまるで大人が子供の行動を見て「よくできました」という感じがある。「うまくいく」は目上の人には使わない）

8. <u>お願いします。</u>
願っております。（「お願い」はこちらから相手にそうしてもらいたい時の表現なので、「願う」は「そうあってほしい、そうなってほしい」という希望を込めている）

9. <u>ずっと体に気をつけて。</u>
お体には、くれぐれもお気をつけて。（「お体には、くれぐれもお気をつけください」は決まり文句とも言える。話し言葉だけでなく、手紙やメールの最後の挨拶としても広く使われている表現）

10. <u>祈りして。</u>
心よりお祈り申し上げて、（「祈る」を「お祈りする」と丁寧にして、「心から」「心より」を付けて意味深くする。通常のて形「祈って」では丁寧さが足りない）

11. <u>友達だから。</u>
そんなことおっしゃらないでください。（友達であることをわざわざいうのは中国語の影響。日本ではそのような表現ではなく、相手の気遣いにはこちらも気遣いで返すのが普通）

12. <u>チャンスがあったら。</u>
ぜひまた。（あまり親しくない人や、初めて会ったような人に「チャンスがあったらまた来てください」と言ってもおかしくないが、この場合親しい間でこう言うのはおかしい。また来てほしいなら「ぜひ」「絶対」などのほうがずっと親しみのある表現）

13. <u>いつでも大歓迎しますよ。</u>

    →お待ちしています。（大歓迎はこの場合カジュアルすぎるので、目上の田中夫妻とのお別れにはちょっと合わない。素直に「お待ちしています」のほうが好感が持てる）

14. <u>たぶんだいじょうぶ。</u>

    はい、もちろんお返事します。（相手がメールするので返事がほしいと感情を込めて話しているのに、「だいじょうぶ」は失礼。こちらからもメールしたい気持ちを含めて話すべき）

15. <u>じゃまたね。</u>

    お世話になりました。（いくら親しい仲とは言っても、空港のロビーで別れるときにはちゃんと挨拶するべき。この場合「お世話になりました」「ありがとうございました」がふさわしい）

🎧【モデル会話】

（送別会場のレストラン）

渡辺さん：お待たせいたしました。皆さんご用意できましたか。それでは、田中夫妻の日本でのさらなるご活躍とご健康を願って乾杯をしたいと思います。

李さん　：乾杯。

渡辺さん：李さん、ぜひ一言ご挨拶をお願いします。

李さん　：（驚いて）えー、私は日本語がまだ下手ですから、とても無理です。

洋子さん：頑張って、李さんの日本語は十分お上手ですよ。

李さん　：はい、それでは、それでは、私からご挨拶させていただきます。田中さん、洋子さん、この一年間、本当にお世話になりました。私は洋子さんの中国語の先生としてお付き合いさせていただきましたが、先生と学生というよりも、人生の先輩として田中ご夫妻からいろいろなことを教えていただきました。また、いろいろなところへ遊びに連れて行っていただいたり、食事をご馳走していただいたりしたことは本当に楽しい思い出です。有難うございました。日本での新しい生活が何事も順調に進みますように心よりお祈り申し上げます。また、中国で、あるいは日本で再会できることを心から願っております。どうぞ、お体には、くれぐれもお気をつけて。益々のご活躍を心よりお祈り申し上げて、ご挨拶と代えさせて頂きます。有難うございました。

洋子さん：今日は私たちのためにこんな素晴らしい送別の会を開いて頂きまして、真にありがとうございます。短い間でしたが、皆さんと一緒に過ごせて、とても楽しかったです。李さんのおかげで中国語が少し話せるようになりました。中国の

こども大好きになりました。本当にありがとうございました。
李さん　　：いいえ、とんでもありません。洋子さんは呑み込みが早いですし、大変努力した結果ですよ。
渡辺さん　：そうですね、私も洋子さんぐらい中国語を話せればいいなぁ。
李さん　　：渡辺先生ならきっとおできになると思いますよ。
（空港で）
洋子さん　：李さん、昨夜はいろいろと有難う。今日もわざわざ来てくださって…。
李さん　　：いいえ、そんなことおっしゃらないでください。
田中さん　：もうそろそろ搭乗手続きの時間だよ。
洋子さん　：あ、そうね。
李さん　　：あー、まだ話したいのに。洋子さんがいなくなっちゃうと、さびしくなるなぁ…。
洋子さん　：私も李さんと別れるのは辛いですよ。
田中さん　：でも、これで最後というわけではありませんから。
洋子さん　：そうですね。また会えますよね。
李さん　　：ええ、きっと。
洋子さん　：夏休みに絶対日本に遊びに来てくださいね。
李さん　　：はい、日本で再会できるのを楽しみにしています。田中さんたちも、ぜひまた中国に遊びにいらっしゃってください。お待ちしています。
洋子さん　：日本に着いたらメールしますから、李さんも時間があったらお返事くださいね。
李さん　　：はい、はい、もちろんお返事します。
田中さん　：李さん、今日見送りに来てくれて有難うございました。渡辺先生にもよろしくお伝えください。
李さん　　：はい、お世話になりました。
洋子さん　：李さんもお元気でね。
李さん　　：さようなら。
田中夫妻　：さようなら。

【練習問題模範解答】

1.
　　三井先生、2年間本当にありがとうございました。先生と一緒に過ごした2年間は本当にあっという間に過ぎてしまいました。先生に初めてお会いしたとき、「ちょっと厳しい感じの先生だなあ」とクラスのみんなも思っていたようです。でも2年間ずっと私たちのクラスを担当して下さる間に、さまざまなイベントや旅行、そしてパーティ

一などを通してだんだん先生にお近づきさせていただき、第一印象のイメージはだんだん変わっていきました。三井先生は私たちの日本語を細かく指導してくださりました。そして、中国と日本の共通点や相違点をいくつも教えてくださりました。先生が中国でのお仕事を終えられ、タイへ行ってしまわれるのは本当はとても残念です。しかし、先生のこれからのますますのご活躍をお祈りし、さみしい気持ちを未来への希望に変えていきたいと思います。2年間本当にお世話になりました。タイへ赴任された後も、生活習慣の違いで大変なこともあるかもしれませんが、お体にお気をつけて、いつまでも私たちの元気な三井先生でいらっしゃってください。ありがとうございました。

2.

陳さん　　：もしもし、小村さんでいらっしゃいますか。
小村さん：はい、あ、陳さん。お久しぶりです。
陳さん　　：こちらこそご無沙汰いたしております。
　　　　　　「あの、大島先生からお聞きしたんですが、日本に帰国されるとか…。」
小村さん：ええ、そうなんです。8月末に帰国することになりました。5年間といっても今思えば早いものです。
陳さん　　：「本当にいろいろお世話になりました。2年生の時に翻訳のアルバイトをさせていただき、その時の経験が今非常に役にたっております。」
小村さん：こちらこそ、あの時は翻訳の仕事を手伝ってもらって助かりました。陳さんの訳した部分は間違いが少なくてさすがだと思いましたよ。
陳さん　　：「とんでもありません。今思い出すと、あの頃はまだ上手に日本語の表現を使いこなせませんでした。」
小村さん：陳さんは卒業したらどんな道に進むか考えていますか。
陳さん　　：「私は日系企業で働きたいと思っています。経験を積んだ後、起業したいと思っていますが…。」
小村さん：そうですか、それは素晴らしいですね。目標に向かってがんばってください。
陳さん　　：「ありがとうございます。」
小村さん：それから、東京に来る機会があったら、ぜひ連絡してください。お待ちしています。おいしいものご馳走しますよ。
陳さん　　：「ありがとうございます。東京へはぜひ一度行ってみたいと思っています。」
小村さん：今日はわざわざお電話いただいてありがとうございました。陳さん、体にはくれぐれも気をつけてこれからも日本語の勉強がんばってください。

陳さん　：「はい。小村さんもお体にはくれぐれもお気をつけください。ぜひまた中国へいらしてください。」

小村さん：はい、ぜひ。それでは、また。

陳さん　：「本当にお世話になりました。お気をつけて。それでは失礼いたします。」

3．＜日本語スピーチコンテスト＞　　（司会原稿）

司会

　本日はご来場いただきまして、誠にありがとうございます。

　あと5分ほどでスピーチコンテストを開始いたします。皆様にお願いを申し上げます。時計のアラームおよび携帯電話につきましては、電源をお切りくださいますよう、また、スピーチ中のフラッシュを使った写真撮影、会場への入退室は出来るだけ、ご遠慮ください。やむを得ず移動の場合は、スピーチの間の時間をご利用くださいますよう、ご協力をよろしくお願い申し上げます。

司会

　ただいまより「第〇回、日本語スピーチコンテスト」を開催いたします。

　本日は多くの方々に、ご来場頂き、厚く御礼申し上げます。また、ご来賓の皆様には、お忙しい中お越し頂き誠に有難うございます。

　私は、本日の司会を務めます、〇〇〇と申します。どうぞよろしくお願い申し上げます。

司会

　開会にあたりまして、主催者〇〇株式会社〇〇様より、皆様にご挨拶がございます。

　〇〇〇様お願い致します。

　―（挨拶）

司会

　〇〇〇様、ありがとうございました。

　ここで、大会委員長、審査委員のご紹介を致します。

　お名前を申し上げます。大会委員長〇〇　審査委員長〇〇　審査員〇〇〇…

　どうぞよろしくお願い申し上げます。

　大会委員長のご挨拶があります。

　―（挨拶）

司会

　これよりコンテストを開始いたします。1番の出場者お願いいたします。

　ありがとうございました。　2番の出場者お願いいたします。

　……

　ここで審査委員の先生方は別室で審査を行います。　30分の休憩をいたします。

　本日は〇〇大学の合唱部のコーラスがあります。どうぞお楽しみください。

　―（審査発表）

司会

　出場者の皆様は壇上にお上がりください。結果発表に移ります。

　結果発表は、大会委員長より行います。お名前を呼ばれた出場者は前にお進みください。

　日本語スピーチコンテスト第3位は、〇〇さんです。おめでとうございます。

　第2位は、〇〇さんです。おめでとうございます。

　それでは発表いたします。第〇回日本語スピーチコンテスト優勝者は、〇〇さんです。

　皆様、もう一度大きな拍手をお送りください。

司会

　審査の講評を〇〇〇委員長よりお話をしていただきます。

　―（講評）

司会

　本日ご来場下さいました皆様、関係者の方々、運営スタッフの皆さん、全ての皆様のおかげで大会が無事終了いたしました。心より感謝申し上げます。

　以上をもちまして、第〇回日本語スピーチコンテストを閉会致します。ありがとうございました。

附录一　错例解析

第一课　访问日本人家庭

 【错例解析】

1. 田中さんを見えて嬉しいと思います。

   →いつもお世話になっております。/一直承蒙您关照。（「○○できて嬉しい/楽しい」这种表达是受了英语表达的影响，一般日本人不会采用那样的说话方式。「いつもお世話になっております」这句话不仅仅是简单的打招呼，还包含了谢意。）

2. いいえ、たいしたことないです。

   →いいえ、こちらこそ。/不，我才受到您的关照。（当对方先表示谢意时，用「こちらこそ」来回答。）

3. これは田舎から連れたお菓子です。つまらないものだ。どうぞ、食べましょう。

   →これは故郷から持ってきたお菓子です。つまらないものですが、どうぞ冷蔵庫に入れて、冷やしてお召し上がりください。/这是我从家乡带回来的点心，小小心意，请放冰箱冷藏后品尝。（「連れてくる」只用于人和动物。「つまらないものですが」是送特产和礼物时的一般性表达。即使东西是自己买来的，跟对方说起时也应该用礼貌的表达方式。如果对方提出一起吃的话，可以顺着他的话一起享用。）

4. 靴下のままで着てもいいですか。それとも靴下を取らなければなりませんか。

   →このまま履いてもよろしいのでしょうか。/直接穿可以吗？（穿上衣是用「着る」，穿鞋子、穿裤子和穿裙子等等用「履く」。戴帽子用「被る」，戴首饰用「つける」。）

5. じゃあ、入ります。

   →それでは、お邪魔します。/那打扰了。（对首次见面的人说「じゃあ」的话，有过于亲近的感觉。进门时不说「入（はい）る」，应该说「お邪魔します」。「お邪魔しま

す」既能在门开的时候说也能在脱鞋进屋的时候说。）

6. <u>立派で、</u>
    →ご立派で/真漂亮。（在称赞对方或者对方的所有物时，应该用郑重的表达，添加上「ご」或者「お」。）

7. <u>私の部屋はばらばらになっていますよ。</u>
    →おはずかしいですが、私の部屋はとても散らかっています。/真不好意思，我的房间很乱。（房间整理得很干净的状态是「片付けられている」，相反，房间里散乱着各种杂物的状态要用「散らかっている」来表达。说自己的房间零乱，是强调对方房间整洁的一种说法。）

8. <u>お茶はいいよ。</u>
    →日本茶をお願いします。/麻烦给我日本茶。（「お茶はいいよ」有「お茶はいらない」之意，听话方可能会误解说话方的意思。受款待的一方说「いいよ」的话，对于主人来说就成了没礼貌的行为。）

9. <u>少しでも興味が持っています。</u>
    →少し興味を持っています。/有一点兴趣。（「少しでも」是在我方拜托对方某事时所用的表达，如「少しでも分けてもらえませんか」等等。「興味が持つ」中助词用错了，正确的为「興味を持つ」。）

10. <u>そろそろお時間ですね。</u>
    →それでは、私はそろそろ。/那么时间差不多了。（如果说「お時間ですね」，会给人一种因为对方有事所以自己得先离开的感觉。自己先提出离开的时候不用这种表达。）

11. <u>今日はどうも、招待をくれてありがとうございました。</u>
    →今日は本当に楽しかったです。ありがとうございました。/今天真的玩得很高兴，谢谢你。（「どうも」经常被使用，在感谢的时候用直接的方式更容易传达心情。「招待をくれて」在语法上虽然没有错误，但如果想用「招待」来表达的话，通常会说「ご招待いただきましてありがとうございました」。）

12. <u>もう帰ります。</u>
    →そろそろ失礼いたします。/时间差不多了，该告辞了。（「帰ります」过于直接，用「そろそろ…」能够和对方转达自己要离开的意思。）

13. <u>絶対来ます。</u>
    →またお伺いさせていただきます。/我会再来的。（「絶対」这种说法过重，表达想再来的心情时，用「またお伺いさせていただきます」「ぜひお伺いさせていただきたいです」等能够给人留下好的印象。）

14. <u>あの時はまたよろしくね。</u>
    →ありがとうございます。/十分感谢。（「またよろしくね」如果是朋友间使用的话则无

妨，但在这种受到长辈邀请的时候，那样的表达无法看出对对方的敬意，是不恰当的。说话时应时常保持客气，直接地说出谢意就可以了。）

15. 期待しています。では、さよなら。
    →それでは楽しみにしています。今日は長い時間おじゃましました。/我很期待。今天打扰了您很长时间，下次再见。（用「期待している」来回答对方的好意是不礼貌的说法。要离开的时候，不说「さよなら」，而说「おじゃましました」「失礼いたします」。）

第二课　日本餐厅

【错例解析】

1. 二人の方ですか。
   →何名様ですか。/请问是几位？（客人人数的算法是有规定的。1～2名的时候，使用「お一人様」「お二人様」。除此之外，还有「一名様」这样的算法，3个人以上的时候，「三名様」「十名様」这样算。）

2. こちらを座ってください。
   →こちらへどうぞ。/请这边坐。（这个时候，需要配合手势，指明到底要坐在哪里。）

3. いいです。
   →そうですね。/好啊。（中文的「好」作为原意使用的时候，也有不能够完全符合其意思的情况。赞同对方的时候，加上终助词「ね」表示同意和肯定会比较好。）

   ☆「ね」经常被用来表现和对方有共同的话题，或者是赞同对方，跟对方有共鸣的情况。但是乱用的话，容易给人留下不稳重的印象，最好避免乱用。
   （例）①どうですか。李さん。/怎么样，小李？
   　　　　うん、いいです（ね）。/嗯，很好啊。
   　　　②李さん、おすしでもいかがですか。/小李，寿司怎样？
   　　　　はい、それはいいんです。/是的，很好。（×）
   　　　　それはいいですね。/那真是太好了呢。（○）
   （避免使用的情况）对对方来说，是未知的话题。
   　　　　昨日の午後は何をしましたか。/昨天下午做了什么？
   　　　　はい、映画を見に行きましたね。/是的，去看了电影呢。（×）

4. ご注文をしてください。

→メニューをどうぞ。/给您菜单。（走进店里的时候，店员不会跟你说「買ってください、何を買いますか」。在饭店也同样不会这样直接地询问你，会灵活地应对。只要说「何になさいますか」，就可以了。）

5. 何でもいいよ。

→洋子さんにお任せしますので…/请洋子小姐你来定吧。（在这种情况下，面对对方的好意，「何でもいい」可能会让对方产生「別にどれを食べたって変わらないんだからどれでもいい」的想法，应该避免使用这种说法。应该使用「洋子さんにお任せいたします」「洋子さんが決めてください」等委婉的说法。）

6. どっちでもいいです。

→どちらかというと、○○の方が好きなんですが、洋子さんはいかがですか。/说起来，我比较喜欢○○，洋子小姐觉得呢？（「どっちでもいい」和「何でもいい」相似，给人以随便的感觉，应避免使用。当被对方问及A和B中会选择哪一个时，委婉地做出选择，或是反问对方都是可以的。）

7. 私はてんぷらでいいです。

→ではてんぷらを食べてみたいです。/我想试试天妇罗。（「～してみたい」、「できるならやってみたい」等说法会给对方好印象，同时也能表现出你对日本菜充满兴趣。「～でいいです」暗含「たいしたものがないが、どれか選ぶならこれでいい」的意思在里面。）

8. 適当にしてください。

→おまかせします。/请你来定吧。（「適当」这个词，与「どれでもいい」、「どっちでもいい」相比，根据场合的不同，有时会被认为是你毫不感兴趣，如果要表达「あなたが決めてください」的意思，使用「お任せします」会比较委婉。）

9. 忘れましたか。

→～だったと思うんですけど…/我觉得是…（直接质问对方「忘れたのか」，不仅完全没有给对方留下余地，而且会给对方留下你是个生性好强的人的印象。委婉地说「～を頼んだ/～をお願いしたと思うんですが…」会比较合适。）

10. ごめんなさい。

→申し訳ございません。/非常抱歉。（当客人投诉的时候，无论是什么情况，首先说「申し訳ございません」道歉是常识。「ごめんなさい」是对亲近的人道歉的时候用的，在这里不太合适。）

11. まだ来ませんか、すぐ送りします。

→お待たせしてすみません。ただいま確認してまいります。/让您久等了，非常抱歉。我马上去确认。（在日语里，「送る」被用在东西离开自己的手的时候（送信、送到车

站），有时和中文的意思不一样。）

12. <u>今から製造しますので、あと20分くらいかかるそうですが。</u>

    →大変申し訳ございません。こちらの手違いで、今からお作りいたしますので、あと20分ほどお待ちいただかなければならないのですが…/真是非常的抱歉。由于我们的失误，现在我们马上给您做这道菜，您还需要再等待20分钟左右…（首先承认自己的错误是非常重要的。「…くらいかかるそうだ」」听起来像是别人的事一样，会让远道而来的客人更生气。）

13. <u>もう待ちませんよ。</u>

    →もう食べ終わるところなのに…/都快吃完了…（跟对方抱怨的时候，不要说得太清楚，还是要留有回旋的余地。快吃完了，东西却还没上，这种委婉的说法比较好。）

14. <u>まあまあおいしかったです。</u>

    →どれもとてもおいしかったです。/全都很好吃（当邀请自己的人问「どうでしたか」时，回答「まあまあ」是很没有常识的说法。即使是东西不好吃，也要使用「珍しいお料理でした」「初めて食べたので新鮮な感じがしました」这些让人觉得愉快的说法。）

15. <u>誘ってくれて。</u>

    →お誘いいただいて。/能够得到您的邀请（不能用「～してくれる」，而应该尽量用「～していただく」。这跟对方的年龄、职业和立场无关，只是应该向邀请自己的人表示感谢。）

16. <u>私が中華料理をおごりますから、食べてつれていきましょう。</u>

    →私に中華料理をごちそうさせてください。ご一緒に行きたいお店がありますので。/让我请你吃中国菜吧。我想跟你一起去试试一间店的菜。（「おごる」这个词有「自分はあなたより立場が上だ」的意思，不能对上级使用。但是，可以对自己的朋友、亲人使用「今日はわたしのおごりね」。）

第三课　学做中国菜

1. <u>洋子さん嫌いですか。</u>

    →洋子さんお好きですか。/洋子小姐喜欢吃吗？

    洋子さんのお口に合うかどうか分かりませんが。/不知道合不合洋子小姐的口味。

（「嫌いですか」这种表达过于直接，应该避免。）

2. そんなに難しくないよ。私は料理がまあまあ上手です。
   →いえいえ、まだまだ料理は上手にできませんが。/没有，我做菜还是不太好。
   （如果意思表达得直接，无法显出谦虚的态度，应该用「自分はまだまだできない」等这样和实际状况相反的表达方式。）

3. 何もしないでください。
   →あちらでゆっくり待っていて下さい。/您在那儿等着吧。
   　お部屋の方でくつろいでいて下さい。/请到屋内坐吧。
   (如果讲「何もしないでください」的话，会让对方感到自己是不是妨碍到做菜了，是一种很不礼貌的说法。)

4. まず、豚肉を片栗粉に入れて濡れます。中華鍋で油を沸かして、豚肉を油に入れます。
   →まず豚肉を片栗粉と一緒に混ぜます。中華鍋に油を引いて、熱くなってきたら、豚肉を弱火で3分ぐらい揚げます。/首先，把猪肉和淀粉一起掺和。往锅里铺撒一层油，等油热了之后，把猪肉放入，开小火炸3分钟左右。
   （注意「濡れます」和「混ぜます」的意思完全不同。有「油を引く」、「熱くなったら、豚肉を揚げる」等固定表达或者能简短说明的时候，应该选择容易让人理解的表达。）

5. 好きに合わせて切ってもいいですが。
   →好みに合わせて切ってもいいですが。/也可以切成自己喜欢的大小。（「好き」不是名词，是表示感情的形容词，用到「～に合わせて」的时候，一定要搭配名词「好み」。）

6. 火がよく回らないことがありますので。
   →火がよく通らないことがありますので。/有时会煮不熟。（「火が通る」和「火が回る」意思不同，「火が通る」指的是熟透了的样子，不是半生熟或者生的状态。「火が回る」形容的是火灾或篝火的火焰向四周燃烧的样子。）

7. 豚肉は味を入れます。
   →豚肉に下味をつけます。/给猪肉调味。（没有「味を入れる」这样的表达，和「味」一起搭配的是「つける」或者「出す」等动词。）

8. そして卵の白身をかけておきます。
   →醤油、ゴマ油を少々、そして卵の白身をまぶしておきます。/然后，往蛋白上撒少量的酱油和芝麻油。动词「かけておきます」虽然也没错，但是在表达往猪肉加液体和固体的混合物这种意思的时候，用「まぶしておきます」的话，更容易传达往猪肉里添加了各种材料的感觉。

9. 熱くするだけでいいんです。

→チン（加熱）するだけでいいんです。/加热一下就行了。（在口语里，用微波炉加热食物有「チンする」这种说法。直接说「加熱する」也是可以的，但是「チンする」更加口语化，在日常会话中，比「加熱する」更常使用。）

10. <u>はい、おいしいです。</u>

→お口に合うかどうか分かりませんが。/不知道合不合您的口味。（如果在对方吃之前就先说了东西好吃，而当实际上不好吃的时候，会给对方造成困扰。为了表示谦虚，在吃之前还是不要断言自己做的菜好吃。）

11. <u>みんなそう言いました。</u>

→いえいえ、まだこれからもっと料理のことを学ばなければなりません。/哪里、哪里，以后还要学习更多关于做菜的东西。（在这种情况下，表示谦虚是一种常识。并且，「みんなそう言いました」或「よくそう言われます」这样的说法是不可以的。）

12. <u>調味汁を準備します。</u>

→（酢豚につける）たれを準備します。/（做糖醋里脊时添加的）准备调味料。（往糖醋里脊里添加的调味料不用「調味汁」来表达，一定要用「たれ」。）

13. <u>豚肉が涼しくならないうちに食べるのが最高に美味しいですよ。</u>

→豚肉が冷めないうちに食べるのが、一番おいしいと思いますよ。/趁着猪肉还热的时候吃，是最好吃的。（「豚肉が涼しくならないうちに」这种表达是不对的。可以讲「豚肉が冷めないうちに」。「一番おいしい」、「最もおいしい」、「最高においしい」都是同一个意思。）

14. <u>大きく切ったのではダメです。</u>

→ざくざく切ったのではダメです。/（「大きく切る」这种说法是有的，但是在讲解做菜过程的时候，比如一边用刀切着一边讲解的情况下，使用「ざくざく」的话，可以增加现场感，更容易把意思传达给对方。）

15. <u>いいえ、そうじゃないです。母の方がもっと上手です。</u>

→いいえ、そんなことないですよ。母にはまだまだと言われます。/不，我菜做得不好。没有，千万别那么说。妈妈说我还要多学学。（在这里不能用「そうじゃないです」。对方说出赞美之言，我们应该回答「そんなことないですよ」或者「とんでもないです」，日本人习惯表示谦逊之意。如果回答「母の方がもっと上手です」，可能会有伤朋友对料理的满足喜欢的心情。承接前句，说「母にはまだまだと言われます」来表示谦逊的话，就是一个礼貌的回答。）

第四课　探病

【错例解析】

1. それは残念ですね。
   →それは大変ですね/那真是太糟糕了。(「残念」会给人带来不好的结果的印象，不应该在对方遇到困难的时候使用。应对对方的遭遇表示同情。)

2. ご主人は大丈夫ですか。
   →どうなさったんですか/情况如何？(如果问「大丈夫か」，会给人带来情况非常糟糕的印象。)

3. 面倒をみなければなりませんね。
   →ご心配でしょうね/您一定非常担心吧(「面倒をみる」这句话含有「してあげている」的意思，就像「親が子供の面倒をみる」、「お金がないときに面倒をみてやった」那样，除了含有「世話をする」的意思之外还有金钱上的支持的意思，不适合在这个场合用。「世話をする」这句话也用在宠物上，很少用在人的身上。照看病人用「付き添う」这个词。但是，「付き添わなければなりませんね」对洋子来说是份内事，特意说出来的话，让人听起来像是在说「面倒な事になりましたね」，应避免使用该说法。)

4. 私はお見舞いに行きます。
   →お見舞いにうかがってもよろしいでしょうか/方便去探望吗？(当病况还不清楚的时候，不能连对方的情况都不问就说「行きます」。即使病情不严重，也有不能会客的情况，不能随意地订立计划，应向病人的家属确认之后才做决定。)

5. 迷惑なんか、私たちはいい友達でしょう。
   →迷惑だなんて、とんでもありません/说什么麻烦，完全没有这样的事(「私たちはいい友達（我们是好朋友）」是中文的说法，日语里面并没有这样的说法，在日本并没有人用这种说法。在这个时候，真的要说的话，一般会用「みずくさいじゃないですか」。但也只限于两人非常熟识的情况。)

6. どこの病院、病室は何番ですか。
   →どちらに入院されているんですか/请问在哪里住院？(直接地问病房在哪里，听起来不留余地，最好委婉地询问。)

7. 調子はどうですか。
   →具合はいかがですか/感觉怎样了？(「調子」用在询问做事的过程中，情况发展得如

何，它的对象是不在病床上的健康的人。已经住进了医院，明显地患病或是受伤的人话，应使用「具合」。）

8. 顔色は良くなさそうですよ。
   →お元気そうで安心しました/您气色不错，那我就放心了。（即使病人的脸色看起来不好，作为常识，也不应该清楚地指出来。即使有点做作，也要说比想象中病情要好很多这样的话，让病人安心。）

9. 思ったより悪くないですね。
   →それはよかったですね/真是太好了。（当医生说不用担心的时候，应当一起分享喜悦。）

10. もう生命の危険かと思いました。
    →本当に驚きました/我真是太震惊了。（去医院探病的时候，不能使用「生命」「危険」这些会让人联想到「死」的词。）

11. プレゼントです。
    →何がいいかわかりませんでしたが、どうぞ…/不知道该送什么好，小小意思不成敬意。（「プレゼント」是在纪念日或快乐的时候送的。「おみやげ」是在旅行或回乡探亲的时候买回来送人的。「てみやげ」是指拜访人家的时候，带去的点心等。探病的时候，什么都不用说，只要说「どうぞ…」就可以了。）

12. 私も勉強が忙しいとき徹夜します。
    →お仕事がお忙し過ぎたんですね/应该是您工作太忙了吧。（探病的时候，应慎重选择话题。把自己的事说得让人觉得很自大的话，会给人不好的印象。小小的鼓励一下病人，让他打起精神，这就是探病的目的。）

13. 休んだ方がいいです。
    →おやすみになってください/请您好好休息吧。（「～する方がいいです」这种说法用在催促对方或是给对方提意见等场合。田中先生是小李的长辈，因为正在住院，用「～なさってください」这种说法会比较好。）

14. いつも注意してくださいね。
    →早く良くなってくださいね/请您早日康复吧。（注最基本的探病用语是「早く良くなってください」。如果表达自己出对对方的关心，期盼他早日康复的话，对反也会感到非常高兴。）

15. それでは、また。
    →田中さん、お大事に。洋子さん、またご連絡しますね/田中先生，请多保重。洋子小姐，下次再联系。（并不是普通的寒暄语，到最后也不能忘记自己是来探病的。）

第五课　温泉旅行

【错例解析】

1. 何かお手伝うことがありますか。
   →今日はどういったご用件でしょうか。/ 请问您需要什么帮助？（接待客人的时候，像中文里的"需要什么帮助"或者英语里的"May I help you"这样的说法，在日语里是不可以直接用「手伝う」来表达的。）

2. 伝統的な食事が食べられ、実際に当地での生活を経験できるプランもございますよ。
   →伝統的な食事を味わえ、実際に現地での生活を体験できるプランプランもございますよ。/ 有能够品尝传统美食，实地体验当地生活的旅游方案哦。（×食事を食べる、×当地での生活、×経験できるプラン，这些表达都是不正确的，日语里有固定的相应表达，要牢牢记住。）

3. どこか近い温泉レストランに泊まりたいんです。
   →どこか近い温泉旅館に泊まりたいんです。/想在附近的温泉旅馆留宿。（一般不怎么使用「温泉レストラン」这种说法。「温泉」和「レストラン」，一个是日本固有词汇，一个是外来语，同时使用的话显得不协调。）

4. では、お望みのところはございますか。
   →ご希望はありますか。/ 您有什么要求吗？（「お望み」和「ございますか」两处使用了郑重语，而且「お望み」有这方要为另一方实现愿望的感觉，对待客人时应该使用「ご希望」。）

5. 広東省に長い間いて、
   →広東省からまだ出たことがないので、/还没有走出过广东省，（「広東省に長い間いて」，只能表示在广东省长时间生活的意思。「出たことがない」才是表达没有去过广东省以外的地方之意的。）

6. 貴社にはどんな温泉旅行がありますか。
   →御宅の会社には（ここでは、そちらでは）、どんな温泉旅行の（自由、パック）プランがありますか。/你们公司有什么样的温泉旅行方案？（通常不会说「ご会社」，而是说「貴社」或者「御社」。但作为客人的立场上来说，「貴社」和「御社」的说法是不合适的。温泉旅行都是以方案提出的，所以询问的时候，具体地问其是自由行还是

包干方案的话，对方更容易明白。）

7. <u>全部の旅費はいくらかかる予定ですか。</u>

    →ご予算はいくらぐらいが目安ですか。/请问您的预算是多少呢？（询问客人关于钱的问题时，不仅用「旅費」这个词，还会使用「（ご）予算」这个说法。比起「予定」，使用「目安」这个词语能让对方更加容易理解。）

8. <u>バスで一時間半もかかります。</u>

    →バスで一時間半もあれば行けますよ。/坐巴士去只需要一个半小时哦。（「～もかかる」听起来有非常花时间的意思，因此改为「～もあれば行ける」的话，能让人立刻明瞭。）

9. <u>宿の近くの店の中に、おいしいものがいっぱいあります。</u>

    →宿の周りにはおいしい店がたくさんあります。/在旅馆周围有许多好吃的店。（「店の中においしいものがたくさんある」这种表达虽然没有错，但如果要使用日语更地道的表达，「おいしい店がたくさんあります」这种说法更好。）

10. <u>自然のある所ですよ。</u>

    →景色がきれいな所ですよ。/是风光明媚的地方哦。（这样的说法有很多，倒不是说哪一个才正确。在介绍了秀丽的山水之后，只用「自然のある所」来描述会显得过于简单。）

11. <u>お肌もさらさらになりますよ。</u>

    →お肌もすべすべ（つるつる）になりますよ。/皮肤会变得光滑亮泽。（「さらさら」形容的是头发漂亮的样子。「すべすべ、つるつる」是指肌肤触感好，「しっとりした感じ」是指水分充足的肌肤状态。「ピカピカ」则强调肌肤的光泽感，同时也含有「すべすべ」的意思。）

12. <u>自分の衣服をロッカーで取り替えます。</u>

    →自分の衣服をロッカーで着替えます。/自己的衣服在更衣间里更换。（这里不用「服を取り換える」，而用「服を着替える」。「服を取り換える」可以用于商场里的人偶模特，有「昔の服を最近流行っているファッションの服と取り換える」等这样的说法。但是不用于人身上。）

13. <u>朝8時、チェックインです。</u>

    →朝8時、出発です。/早上八点出发。（「チェックイン」是到达酒店时使用的词汇，这种情况下说的是出发时间，因此，必须直接表达「出発」。）

14. <u>ガイドがありますか。</u>

    →ガイドさんはついてくれますか。/有导游陪同吗？（「ガイド」既有在说一个事物的感觉，也有可能只是单纯的一个发音。需要导游的时候，称呼「ガイドさん」比较好。「ガイドさん」指的是实地介绍名胜古迹，给游客引路的人；「添乗員」指的是整个旅

行都全程陪同的旅游公司方的工作人员。）

15. 他に観光するところがあまりないから、ガイドがありません。
    →温泉以外にもきれいな風景をご覧いただけますので、こちらのプランにはガイドがつかないことになっております。/除温泉以外还可以观赏美丽的风景，各自随便走走也是非常愉快的。这里导游就不陪同了。（如果说「他に観光するところがあまりない」的话，会给温泉旅行带来不好的印象。应该指出个人活动也挺有意思的，就算没有导游也可以玩得开心。

第六课　游览家乡

【错例解析】

1. 週末に故郷へ帰るから授業をしません。
   →週末実家に帰りたいと思うので、授業をお休みさせていただいてもよろしいでしょうか。/周末我想回一趟家乡，请您允许我请假好吗？（虽说你在教中文，自己需要请假的时候，也应当使用能让对方舒心的说法。）

2. 5時間だけです。
   →バスで5時間くらいかかります。/坐长途汽车的话，要花5个小时左右。（表达时候，附带汽车、火车或飞机等交通手段的词语，显得更通俗易懂。）

3. あんまり有名な町じゃないから言ってもわからないでしょう。海しかないです。
   →広東省の沿岸沿いの町で、広州から東北へ400ｋｍくらい行ったところです。海に近くて景色もなかなかなものですよ。/广东省的沿海城市，距广州以东北400公里的地方。（想当然地认为"对方应该不知道吧，"这是不礼貌的，具体地说明会比较好。「～しかない」这种谦逊的表达方式也许会被人接受，但是要引起对方的兴趣的话，这种表达方式是不适合的。）

4. いっしょに行きたいんですか。
   →お時間があれば、ごいっしょにいかがですか。/如果您有空的话，请您一起去吧，如何？（「～したいですか」这种问法太直接了，会让对方觉得困扰。「こんな時間なのにお菓子を食べたいんですか」、「～したいですか」这些表达方式，暗含「本当はしてはいけないが、がまんできずに要求する」的意思，需要引起大家的注意。）

5. 週末はひまですか。

→今度の週末お時間がありますか。/这个周末您有空吗？（「ひま」这种说法会给人「あなたは何もすることがない」这种不好的印象，要使用「お時間があれば」。）

6. 広州みたいにめちゃめちゃになっていませんね。

→広州は都会ですから多少息苦しいこともありますが、ここはのんびりしています。/（人が多くて息苦しい、せわしい場合は「ごみごみしている」「めちゃめちゃ」这个词用来形容城市是不合适的。「部屋がめちゃめちゃだ」是用来形容房间没有收拾的状态，人很多、很匆忙的情况下要用「ごみごみしている」。）

7. 洋子さんの家は田舎ですか。

→洋子さんのご実家は地方にあるんですか。/洋子小姐的家乡不是在城市吗？（实际上，「田舎」这个词经常被使用，大部分情况是用在谦逊地表达自己的家是在乡下的时候。比如说「うちなんか田舎にありますから、東京まで出るにも時間がかかるんですよ」这种说法。乡下和农村的意思不一样，会给人一种距离市中心有点远，生活不太便利的印象。问对方"你家是在乡下吗"，有点不礼貌，太直接了。）

8. ここは観光地がぜんぜんないです。だからおもしろくないですよ。

→ここには有名な観光地はわりと少ないですが、都会とまったく違うので癒されます。砂浜で遊んだり、海を眺めるだけでもすがすがしい気分になれます。/这里虽然没有什么有名的旅游景点，但是和大城市完全不一样，心灵能够得到治愈。只要在海边游玩或是远眺大海，心情就会变得非常舒畅。（使用「ぜんぜん」的话，会让人觉得那些引人入胜的要素全都没有了，使用「あまり多くない」、「わりと少ない」等限定程度的句子会比较好。也可以介绍一下城市里面不能做到的事，心灵能够得到治愈等特点。）

9. 日本の茶芸は面倒が多すぎます。

→日本の茶道のお手前はわりと決まりが多くて大変そうですね。/日本茶道的规矩好像有不少，很繁复呢。（「面倒」这个词是不想做却不得不做的时候使用的，涉及到对方的文化的时候不适合使用。）

10. 緑豆餅は日本のお餅のようにベトベトしていません。

→緑豆餅は餅という名前ですが、日本のお餅とは全く違って粘りがない半生の焼き菓子です。/"绿豆饼"虽然是被叫做"饼"，但却是和日本的年糕是完全不一样的烤的点心。（中国点心中的"饼"被翻译成日语的时候，会被分成曲奇、烤点心、饼干等种类。说到「もち」，日本人会想起正月的时候放到杂煮汤里面的那种白色的点心，要理解中国的「餅」和日本的是不一样的。）

11. 父が潮州地方の伝統的な陶器だから洋子さんにあげると言いました。大きくて立派できれいな壺です。

→父が潮州地方の伝統的な陶器を洋子さんにぜひお渡ししたいと言っています。いいものを選んだと言っていますが…/爸爸说一定要把这个有潮州地方特色的传统陶器交给

洋子小姐。还说挑选了上好的陶器了。（「あげる」这个词太直接了，一般不会在本人面前使用。给对方送东西的时候，特意地使用"这个礼物是好东西"或"这个东西很贵"等夸张的说法的话，会让对方觉得很有负担。）

12. <u>父がぜったい洋子さんが日本へ持っていきますと言っています。</u>
    → 父がぜひ洋子さんに日本へ持って行ってほしいと言っています。/爸爸说非常希望洋子小姐能够把它带回日本。（「ぜったい」这个词有种强制对方的感觉，要留给对方选择的余地。「持っていきますと言っています」和「ます」重复使用，是错误的。像「ご飯を食べてから行くと言っています」这样，前半部分要用简体。）

13. <u>持って帰らないですか。</u>
    → そうおっしゃらず、ぜひ持って行ってください。/请不要这么说，请一定要带回去。（「お気持ちだけでうれしいです」是日本人从对方那里得到东西的时候使用的。为了避免表达出自己索要别人的东西的意思，或是表达客气以及真的不想要的时候使用。这个时候，要是再说一次「そうですか、ではお言葉に甘えて…」这种希望对方索要的话，然后把物品递给对方，对方还是非常客气的话，那就放弃把东西送给人家。）

14. <u>そうですか。伝統の工芸品ですから残念でした。</u>
    → そうですか…わかりました。/这样啊…我明白了。（观察对方的表情，觉得对方要是不想把东西带回去的话，还是不要再提这件事好。）

15. <u>もし好きなら、また来てくださいね。</u>
    → 洋子さんに来ていただいて本当にうれしいです。よろしければまたいらしてくださいね。/洋子小姐能够来，我真是非常高兴。如果合适的话，请您下次一定要再来。（虽说招待了特意来到家乡的朋友，但是真的觉得对方能够来家里做客非常高兴的话，坦率的表达会比较好。但是，要记得不能使用「もし好きならば」，而是「よろしければ」「もし気に入っていただけたなら」这种礼貌的句子。）

第七课　留学签证和海关

【错例解析】

1. <u>あのう、私はビザ申請をしたいんですが、ビザ申請の窓口はどこにあるのか教えてくださいませんか。</u>
    → あのう、ビザ申請の窓口はどちらでしょうか。/请问，申请签证的窗口在哪儿呢？（不

说出「ビザ申請をしたいんですが」这个理由也可以，只要询问窗口在哪里即可，尽量避免重复同样的话。）

2. 洋子さんにも一緒に行ってくれて、もう心配ないね。
   →洋子さんにもついて来て頂いたし、もう大丈夫ですよ。/有洋子小姐的陪伴，我很放心。（因为提及对象和说话人一起已经来到了现场，用「ついて来る」比较合适。想要告知不安消除、不再担心的话时，「もう大丈夫」是一个固定表达。）

3. 今度はすぐ探し着きましたね。
   →今度はすぐに見つかりましたね。/这次很快就找到了啊。（日语里不使用「探し着く」这种表达。这个是中国的日语学习者经常犯的表达错误，这里用「見つかる」才是正确的。）

4. さっきはそんなに人が空いているようです。
   →さっきはあまり人もいなくて空いていたのに。/刚才还没有那么多人的。（「さっき」是表示过去的，与「空いているようです」在时间关系上不符合。「そんなに」后面跟的是否定形式，应该改为「そんなに人がいなかったのに」。）

5. ずいぶん待ったほうがいい感じですね。
   →ずいぶん待たなければならないようですね。/看来要等很久才行啊。（如果说「待ったほうがいい」的话，其意思为等待时间要加长。而在这里所要表达的是不想长时间等待，所以应该要说「待たなければならない」，表明事实跟自己所希望的情况是相反的。）

6. 今日初めてビザを申請するので、そのことを知っていませんでした。
   →申し訳ありませんが、1枚だけでも何とかなりませんか。/今天只带了一张。能不能通融一下。真的很不好意思，只有一张可以吗？（能否向对方表达自己「申し訳ない」的心情是很重要的。如果说「そのことを知っていない」，则会给人一种印象：因为我不清楚，所以没有办法；自己没有带上照片，是无可奈何的。「知っていない」本身就是一种错误的用法。然后，继续申请签证的过程中，还是应该向对方体现出自己「申し訳ない」的心情，能给人较好的印象。）

7. もう一度並ばないようにしていただけませんか。
   →もう一度ならばなくても良いようにしていただけませんか。/我可以不重新排队吗？（在寻求许可的时候，「○○しなくても良いように」这种说法才是正确的。「○○ないように」是用于禁止行为的说法。）

8. ドキドキしていました。
   →冷や冷やしていました。/挺可怕的。（「ドキドキ」是用于表示由于压力而紧张的状态，这里要表示的是因为脚很累不想重新排队的心情，「冷や冷や」比较合适。）

9. 私は犯罪者じゃありませんよ。拇印を押したくない。

→拇印はちょっと…。サインでもよろしいですか。/摁指印的话有点……签名可以吗？（在日本，不用印章的时候就改为摁指印，完全不是什么不方便的事。与其直接说「…は嫌です。」，不如含糊地说「…はちょっと…。」来委婉拒绝，再加上「…でもよろしいですか。」来礼貌地拜托对方，能给人留下较好的印象。）

10. <u>すいません。ありがとうございました。</u>

    →ご迷惑をおかけして、申し訳ありませんでした。给你添麻烦了真不好意思。（麻烦到对方的时候，在最后说一句「お手数かけました。お世話になりました。」是一种常识。简单地表示歉意能够使人与人之间的关系更加顺利地进行，对方也能用一句「どういたしまして」来轻松回应。）

11. <u>特にありません。</u>

    →ありません。/（日语里的「特にありません」，有「多少はある」的意思。想强调没有其他要申报的东西时，应该具体地说出「特に申告するものはありません」等等。）

12. <u>それはただのライチです。</u>

    →それはライチです。/那是荔枝。（学习日语的中国人倾向于使用「ただの」、「普通の」「一つの」等附加词语，反而是表达变得不自然。只要说「それは…です」就足够了。）

13. <u>そんなこと聞いたことないよ。</u>

    →そうなんですか。/是那样吗？（「聞いたことない」会给人责备对方之意，这样当场的气氛可能会变得不好。这种情况对自己是很不利的，所以应该用一句无关痛痒的话来带过。）

14. <u>何とか通させてください。</u>

    →何とかしていただけないでしょうか。/求您给想个办法吧。（这种情况下是怎么也不能直接使用「…てください」的。在海关等接受检查时，比起「通させて…」或「パスさせて…」，说「何とかしていただけないでしょうか」会显的更加自然，这作为常用句被广泛使用着。）

15. <u>これは高い果物なので、あきらめにくいです。</u>

    →どうしてもだめだとおっしゃるのでしたら、やはりあきらめるほかないですね。/如果真的是无论如何都不行的话，我只好放弃了。（「あきらめる」和「…にくい」的搭配是不正确的。虽然也有「あきらめがたい」这种说法，但是在这种情况下，跟对方反抗会造成对自己不利的局面。控制自己，适当表达可惜的心情就没什么差错了。）

第八课　情感天地

【错例解析】

1. 彼氏とけんかしたんです。
   →実は、つまらないお話ですが…彼氏とけんかしてしまったんです。/实际上是有点无聊的事……我和男朋友吵架了。（不能突然打电话给对方就开始诉说，要给对方留有余地。）

2. 私は彼氏があります。
   →お付き合いしている人がいるんですが…/我现在有交往的对象。（「彼氏（家族、兄弟）がある」在语法上是没有错误的，但最近「彼氏がいる」「私には姉がいる」这种说法会比较自然。）

3. もしご具合がよければ。
   →ご都合がよろしければ/要是方便的话（「具合」是不接「お」や「ご」的，而且「具合」一般是询问对方的身体状况的时候使用。问对方日程的时候，最常使用的是「ご都合はいかがですか」。）

4. 今日はありがとうございます。
   →こんなことでわざわざすみません/因为这点小事让你特意出来，真是很抱歉。（「ありがとう」是表达谢意的话，说不上是错误的。但是因为是自己的事情才把对方叫出来的，应从充分考虑对方感受的话语开始。）

5. 彼は私より高くて、痩せているみたい。
   →私より背が高くて、ちょっと痩せ気味です/比我要高，有点瘦。（只是说「高い」的话，不能表达出高度。如果不加「背が」的话，在日语里面是不通的。「～みたい」是用在自己没有见过的人或是见过但没有什么印象的人身上，用在自己的恋人身上很奇怪。）

6. 顔が普通で、色が黒いです。
   →特に顔には特徴がありませんが、丸顔で、わりと日焼けています/长相没有什么特征，圆脸，好像是被太阳晒过的古铜色。（要是说「普通」的话，首先对你男朋友来说是很失礼的。大家的脸都是不一样的，「普通の顔」这是什么样的脸呢，让人摸不着头脑。「色が黒い」太直接了，「日焼けている」会给人健康的印象。）

7. 性格はちょっと細かい人で、ちょっと怒りやすいです。
   →心配りができる人ですが、時々気に入らないことがあると不機嫌になることもあります/他是个特别细心的人，但有不顺心的事情的时候，也会很不高兴。（「細かい人」含有「神経質な人」「小さなことにこだわる人」的意思，「気配りができる人」「よく気が利く人」这些说法也能够让对方理解。「怒りやすい」让人感觉这是一个仅仅因为一些小事就会勃然大怒，而且表情也非常严肃，经常抱怨的人，委婉地表达会比较好。）

8. いいですよ。会いましょう。
   →今度ぜひ紹介させてください/下次请让我介绍给你认识吧。（对着自己的长辈需要考虑周全，「会いましょう」是含有「仕方ないが私の彼氏に会わせてあげる」这种意思的傲慢的表达方式，绝对不能使用。应该给对方传达"至今为止，我没有主动给你介绍，非常抱歉"的心情。）

9. 彼はなんか怒ってきました。
   →そのあと、だんだん機嫌が悪くなってしまって/后来，他就越来越不高兴了。（吵架之前，忍着怨言不说的时候，表情也很僵硬，完全不笑的状态是「機嫌が悪い」的状态。并不是突然地发怒，慢慢地增加生气的程度的时候，用「だんだん」会很有效果。）

10. だからけんかが起きました。
    →それで結局けんかになってしまいました/结果，两个人就吵架了。（并不是「けんかが起きる」，「けんかになる」才是正确的。并不是像事故那样突然地发生，双方都有各自的原因，无法控制愤怒的时候，就会「けんかになる」。）

11. でも小さなことですよ。
    →たいしたことじゃないと思ったので…謝りませんでした/因为我觉得不是什么大事，就没有向他道歉了。（这时候用「たわいもないこと」「たいしたことじゃない」会比较合适。）

12. 電話をかけても出ませんでした。
    →電話をかけても出てくれないんです。/打电话给他，他也不接。（说不上是很大的错误，这边打电话过去，有意地不接这种情况下，使用「出てくれない」。「出ない」含有无法接电话的情况。）

13. そうか。
    →そうなんですか/是这样啊。（同意对方的话或是听取对方的话语的时候，应该和之前一样用礼貌地使用「そうなんですか」「そうですか」。）

14. 中国では親しい人には謝らないです。
    →中国では逆に、親しい人にはあまりお礼や感謝を口に出さないという習慣があります/反之，在中国没有对自己的亲人道谢的习惯。（「謝らないです」有点生硬了，不委婉地表达的话，容易让对方误会。）

15. 相談してくれてありがとうございました。気持ちがよくなりました。
    →相談にのっていただいてありがとうございました。おかげで気持ちが楽になりました/你能够听我倾诉,非常感谢。(「～してくれて」是指对方为自己做了什么事之后的表达方式。这样就好像变成了「洋子さんが友達の中から私を選んで相談してくれてうれしい」的意思了。考虑到对方的感受而使用「おかげさまで」的说法,对方也许会产生「相談に乗ってあげてよかった」的想法。)

第九课　商务电话

【错例解析】

1. 佐藤さんいますか。
   →あの、わたくし広東外語外貿大学の李と申しますが、アルバイトの件でお電話させていただきました。佐藤様はいらっしゃいますでしょうか。/我是广东外语外贸大学的小李。打电话来想打听一下关于兼职的事情。请问佐藤先生在吗?(先说自己的名字,然后再讲对方的名字,这是一种礼貌。找兼职的情况下,不管谁接的电话,把自己要问的事情先说出来比较好。)

2. 広東外語外貿大学の李です。
   →お忙しいところを突然申し訳ございません。わたくし広東外語外貿大学の李と申します。/百忙之中打扰,真不好意思。我是广东外语外贸大学的小李。(在他人工作的时候打电话过去,开头一般会先说「お忙しいところをすみませんが…」「お仕事中申し訳ありませんが…」。)

3. アルバイトのこと聞きたいんですけど。
   →田中様よりご紹介をいただきましてお電話させていただきました。アルバイトの件についておうかがいしたいのですが。/我是经由田中先生介绍打来的电话。想咨询一下关于打工的事。(说出介绍人的名字会比较容易和对方交谈。)

4. あの、時間はいつですか。毎日ですか。
   →あの、アルバイトを募集されているとお聞きしたのですが…/听说贵公司要请兼职人员……(刚开始谈话的时候,没等对方反应过来就开始连续地问问题,这种行为很失礼。用婉转的方式询问较好。)

5. いろいろ教えてください。

→どのような内容でしょうか。具体什么工作内容。（在还没了解对方具体情况的时候，还没有和对方聊到兼职的时候，说出这句话会给人留下急躁的印象，因此可以不说。）

6. 私は日本語ができます。
   →私は今大学で日本語を専攻しています。／我正在大学学习日语。（「できます」表示自己有能力，这种说法对平时习惯谦虚表达的日本人来说不太合适。这时可以说「日本語でのコミュニケーションには多少自信があります」。）

7. 忙しいので、木曜日の午後ならいいけど。
   →今週でしたら木曜日の午後はちょうど授業がありませんが、いかがでしょうか。／这周的星期四下午我没有课，那个时候可以吗？（自己身为一名学生，跟已在社会工作的人说「わたしは忙しい」是不礼貌的。「…ならいいけど」会给人一种"实在没办法只好去了"的细微的感觉，是非常失礼的。）

8. いいです。
   →はい、わかりました。木曜日の午後2時におうかがいさせていただきます。／好的，我明白了。星期四下午2点我会过去的。（要注意有时候把「いいです」等同于中文的"好"会出现意思奇怪的情况。这也体现了说话人并没有充分意识到自己只是众多来应聘的学生的其中一员。「いいです」是应别人嘱托时的回答。原文的情况下，用带确认日期之意的语句来应答感觉上比较合适。）

9. 何も持っていかなくてもいいですか。
   →何か持参していくものがあるでしょうか。／有什么需要带的吗？（「…しなくてもいいですか」这种否定式的说法可能会给人「何か原因があって…したくない」之意，应该用肯定的「…したほうがいいですか」来询问。）

10. いいですよ。
    →はい、かしこまりました。／好的，明白了。（「いいですよ」可以用于亲密的关系，在商务场合应该郑重地回答「かしこまりました」。）

11. 私は李です。
    →アルバイトをご紹介いただいた李ですが…／我是别人介绍来兼职的李。（最好说出和对方有关联的地方。）

12. 先日はアルバイトの紹介、ありがとう。
    →先日はアルバイトをご紹介していただきまして、ありがとうございました。／之前给我介绍兼职，十分感谢。（最后再次明确地向对方表示谢意是一种礼貌。）

13. でもいちおうお礼をいいます。
    →田中さんにご報告したいと思いまして…／想和田中先生汇报一下……（「いちおう」这个词指的是，事情至今仍然进展不顺利，无可奈何而为之。和「お礼」搭配的话很奇怪，对对方也是一种失礼的说法。）

14. いいえ、私は下手です。
    →いいえ、まだまだですよ。/哪里，还需要多多学习。（「私は上手です/下手です」表达得过于直接，对方比较难作出回答。另外，被称赞的时候可以直接说「ありがとう」的例子如下：「髪型変えたの？前よりずっとかわいくなったね」「ほんと？嬉しいな、ありがとう」）。
15. じゃ、また。
    →今回はご紹介していただきまして本当にありがとうございました。/这次承蒙介绍真的十分感谢。（日本人习惯在谈话开始和结束的时候跟对方表达谢意，在挂电话之前应该再次道谢。）

第十课　面试

【错例解析】

1. あ、どうも、こんにちは。
    →失礼いたします。/打扰了。（与人会面的时候的寒暄语并不是「こんにちは」「おはようございます」，进入面试室的时候说「失礼いたします」是约定俗成的。）
2. お会社は有名な会社です。
    →貴社（御社）は、大変に有名な会社です。/贵公司是远近闻名的公司。（一说「お会社」，马上就会被认为你不能正确的理解日语，不能忘记「貴社（きしゃ）」、「御社」（おんしゃ）这些单词。）
3. この業界ではとても影響力があり、社会への発展を促進しています。
    →この業界ではとても影響力があり、社会の発展に多大な貢献をされています。/在业界具有非常大影响力，对社会的发展做出了巨大的贡献。（不要用「発展を促進する」来表达，一般都用「発展に貢献する」来表达。要是能用上「多大な」这些词，更能得到对方的赞赏。）
4. さらに世界経済の発展にとっても、大きな力を与えます。
    →さらに世界経済の発展にも、大きな影響力を持っています。/更可贵的是对世界经济的发展也持有巨大的影响力。（比起「力を与える」的说法，「力を持っている、力となっている」是更地道的说法。）
5. 優れた人材をたくさん育てています。

→優秀な人材をたくさん社会に輩出しています。/公司里人才辈出。（「人材を社会に輩出する」是约定俗成的说法，实现记住会比较好。）

6. さらに貴社には社員に対するいい政策があります。貴社で発展の空間がいい。
   →他にも貴社は社員に対して、寛大な態度と政策を実施されており、社員がのびのびと働ける空間を提供しておられます。/同时，贵公司对职员采用了包容的态度和政策，给职员提供了充足的发展空间。（「いい政策がある」比较暧昧，「発展の空間」是中文的表达方式。地道的日语表达的话，要使用上述的说法。）

7. 貴社は、自動車業界で一番有名だし給料もけっこういいそうですね。通訳を希望します。
   →貴社は、自動車業界で知名度が最も高く、社員を大事にする会社だとうかがっております。できれば通訳の仕事をしてみたいと思っております。/我知道贵公司是汽车业界知名度最高、尊重职员的公司。如果可以的话，我想从事翻译方面的工作。（如果说「自動車業界で一番有名だし、給料もけっこういいそうですね。」的话，对对方来说是非常失礼的。如果说「通訳を希望します。」的话，主观地说出了自己的意愿，很难被日企录用。）

8. 友達はよく私のことをうるさいと言います。おしゃべりが好きで、誰とでもしゃべれます。
   →友達からは少しおしゃべりだと言われますが、人見知りせず自分から積極的に話すほうです。/朋友说我比较健谈，我是属于不怕生、积极主动地跟人攀谈的人。（不使用「うるさい」这样的贬义词，说话应该让人产生积极印象。）

9. 外国の文化が大体分かります。日本の祖国の美を現しています。貴社の理念は文化交流です。私の考え方と通じています。
   →趣味を通して、外国の文化が理解できたり、日本の美的感覚を掴んだりできます。貴社の文化交流という理念は、私の理念とも共通しています。/通过兴趣，更加了解外国文化、捕捉日本的美感。贵公司的文化交流理念和我个人的理念是共通的。（如果想要把意思传达给对方，句与句之间的连接和概括是需要技巧的。把四句概括为两句，对方更容易理解。）

10. 一年生から喫茶店でアルバイトをしています。あそこでウェイトレスとして働いて、いろいろなことが勉強になりました。
    →一年生の時から喫茶店のウェイトレスとしてアルバイトして、お客様へのサービス精神を自分なりに学べました。/从一年级开始在咖啡屋做过兼职。通过服务员的工作，自己学习到了服务客人的精神。
    （讲述兼职经验的时候，最好说出自己痛过兼职学到了什么东西。这时，如果能使用「自分なりに」这种自谦的说法，也会让对方产生好感。）

11. 例えば、仕事に協調力と応変力を必要とします。
    →例えば、仕事において、協調性、臨機応変に対応できる能力が求められます。/比如，

工作上需要协调性和随机应变的能力。（表达上「～性」比「～力」更加自然，因为提出要求的是对方，所以应该改成「必要とされます」、「求められます」。）

12. 結婚のためにとまりません。引き続き仕事を続けます。両立することができます。
    →結婚しても自分の夢を追い続けながら、引き続き仕事に専念させていただきます。仕事と家庭の両立も可能です。/即使结了婚，还是希望能追求自己的梦想，继续专注于工作。事业和家庭是可以兼顾的。（为了让对方了解自己的意思，应该明确地说出「仕事を辞めない」、「引き続き仕事をする」、「仕事と家庭を両立させる」这样的关键句。）

13. 小さいころから、自動車には興味深いです。自動車会社にも興味があります。貴社の企業理念は、社会に責任を持つ、そして中国と日本、あるいは日本と世界の関係を進めていくという理念です。関係をつなぐ橋だと思います。
    →小さい頃から自動車に興味があり、自動車メーカーにも興味を持っていました。貴社の理念は社会の発展を重視し、その立場は、日中、そして日本と世界の関係をつなげていく懸け橋のような存在です。/从小我就对汽车感兴趣，对汽车制造业很感兴趣。贵公司秉持着重视社会发展的理念，宛如联系中国和日本，乃至日本和世界的桥梁。（自己在小时候是怎么想的，该公司的理念是什么，该公司现在处于什么样的立场，明确回答以上三个问题是关键。）

14. 月曜日の午前中は授業なので午後かけてもらえますか。
    →もし授業中で電話に出られなかった場合、お手数ですが時間をおいてもう一度お電話いただけますでしょうか。/如果来电的时候我正在上课的话，能劳烦你们隔段时间再打一次吗？（不要太直接说自己时间不方便，如果会出现无法接听电话的情况，应该事先和对方确认是不是可以事后回拨。）

15. どうも。
    →失礼いたします。/我告辞了。（「どうも」这种说法太随意，如果离开房间时不注意礼貌地问候，对方对自己的印象会变得不好。）

第十一课 生日派对

1. いや、大丈夫ですよ。
    ええ、大丈夫ですよ。/嗯，没有关系。（「いや」表示的是否定意义，接下来跟的

如果不是"现在无法讲电话"这种否定意思的话，表达就显得奇怪了。）

2. <u>陳先輩も実は恋人ができたいです。</u>

　　陳先輩も実は恋人を欲しがっています。/其实师姐也想要找一个恋人。（「できたいです」这种说法是不对的。可以使用「恋人ができる、できない」这种表达，表达"想要"的时候使用「欲しい、欲しがる」也是恰当的。再者，「恋人を探しています」、「恋人募集中です」也是经常使用的表达。）

3. <u>確か彼は優しいので温厚な人です。</u>

　　確か彼は優しくて、温厚な人だったと思います。/他的确是个温柔、敦厚的人。（在说明某对人的印象时，「優しいので温厚な人」这样的表达是不正确的。「優しくて、温厚な」这样并列着前后链接是最恰当的。）

4. <u>またご連絡をくれますか。</u>

　　またご連絡していただけますでしょうか。/能麻烦您再联系我吗？（「ご連絡をくれますか？」这句中，郑重语「ご連絡」之后接着一般用语「くれますか？」并不合适。对于「ご連絡」，应该搭配「いただけますでしょうか？」才对。）

5. <u>喜ばせてあげて嬉しいです。</u>

　　喜んでいただけてうれしいです。（「喜ばせる」是指某人通过做某事让对方高兴，「あげる」是指送东西给对方，或者为对方做某事。在那种情形下，本应该说成「喜ばせてあげることができて嬉しい」。但是，一般都不会用这种说法。考虑到对方的心情，还是用谦逊说法吧。）

6. <u>大変ありがたいです。</u>

　　大変光栄です。/我感到非常高兴。（「ありがたい」在这里不适用。和某人见面的时候，「お会いできて光栄です」是最平常的表达。）

7. <u>中国にはもうずっといるんですか。</u>

　　中国にいらっしゃってどのくらい経つんですか。（想问对方来该地经过了多长时间的时候，不是用「ずっといる」而应该用「どのくらい」。想要确认对方是否已经呆了很长时间的时候，可以这么问：「中国にはもうお長いんですか」。）

8. <u>忘れられないことになりました。</u>

　　忘れられない味です。/忘不了的味道。（「忘れられないことになりました」这个说法在日语里有点勉强。要表达好吃的话，「忘れられない味」比较恰当。）

9. <u>カレー料理はインドでした。</u>

　　カレーはインド料理でした。/咖喱是印度菜。（没有「カレー料理」这种说法。「カレーライス」、「カツカレー」这样的菜名是存在的，「料理」前面一般跟的是国家或者地名。）

10. <u>私はカレーを作ることが上手です。</u>

私はカレーの味には自信があります。/我对于做咖喱饭很有自信。（「私はカレーを作ることが…」在日语上来说没有什么问题，但是口语表达中，「カレーには自信がある」这个说法更容易向对方表达自己的意思。）

11. <u>よろしいですよ。</u>
　　　もちろん、いいですよ。/当然可以。（「よろしい」是对对方的动作所使用的词，用在自己的动作或者应答时，则是错误的。）

12. <u>しかし、中国の男はやさしいから、女性に料理をくれる男が多いなんですよ。</u>
　　　でも、中国の男性は親切なので、女性に料理を作ってくれる男性が多いんですよ。/但是，中国的男性都很亲切，给女性做菜的男性也很多啊。（「しかし」✕做「でも」，「男」、「女」换做「男性」、「女性」，多使用口语表达或者郑重的表达能使语句更自然，「料理をくれる」的正确表达为「料理をしてくれる」或者「作ってくれる」。「多いなんですよ」是常见的中国学生容易犯的错误。）

13. <u>なぜ料理ができませんか。</u>
　　　お料理は普段なさいませんか。/平时不做菜吗？（如果问对方「なぜ料理ができませんか」，则给人以"为什么不会做菜""不可置信"的责问语气，在这种场合下会破坏气氛，作为常识，在相亲场合应该要避免那样的问法。）

14. <u>岡田さん、陳先輩はいつも寿司が好きです。</u>
　　　岡田さん、陳先輩はお寿司が大好きですよ。/冈田先生，师姐很喜欢吃寿司呢。（「いつも寿司が好きです」这种说法是错误的。并不是「いつも好き」，直接说「大好きです」才是正确的。）

15. <u>ところで、さっきの料理の話なんですが。</u>
　　　あ、先ほどは失礼いたしました。料理の話はまた次回で。/啊，刚才真是不好意思。下次再聊做菜的话题吧。（当知道对方不擅长做菜的时候，还是应该对发起做菜的话题稍微表示一下歉意，然后再转移到下一话题。避免只顾谈论自己想说的话题比较好。）

第十二课　参观学校

【错例解析】

1. <u>鈴木さん、どうもはじめまして。</u>
　　→鈴木さん、はじめまして。今日通訳を担当させていただきますので、よろしくお願

いいたします/铃木小姐（先生），初次见面，今天请允许我来担任您的翻译，请您多多指教。（「どうも」一般是对熟人或朋友使用的，用在初次见面的情况的话太亲昵了）。

2．ご苦労様です。私は陳です。
→ようこそおいでくださいました。私は陳と申します、よろしくお願いいたします/欢迎您的到来。我叫小陈，请您多多指教。（「ご苦労様」是用来安慰自己的下属的，不适合使用。「長旅お疲れ様でした」会比较好）。

3．私の日本語が足りないところもあります。
→まだ勉強中ですのでうまく通訳できないこともあると思いますが/由于正在学习当中，还有很多不足之处。（「日本語が足りない」这种表达方式很奇怪，虽然对方能够明白你这是谦虚，还是说得客气一点比较像日本人的说法。）。

4．キャンパスを歩いてみて、パーティーのところへ行きましょう。
→キャンパスをご案内してからパーティー会場へ向かおうと思っておりますが、よろしいでしょうか/我打算先带您参观一下校园，然后再去宴会会场那里。您觉得如何？（带客人参观的时候，自己不能随意地决定行程，先跟对方确认问问意见会比较好）。

5．授業はあっちのビルやいろいろなところでやります。
→キャンパス内には全部で六つの教学棟がありますので、授業によって教室を移動します/校园内一共有6栋教学楼，根据课程的不同也会相应的改变上课教室。（「あっち」「いろいろ」这些说法是用在熟人间的对话或是不用说得很清楚，对方都能明白的情况，其他时候不能使用）。

6．そうですね。気持ちがよさそうです。
→はい。とても気持ちのいいキャンパスです/是的，是个让人心旷神怡的校园。（住在这个校园里的人说「気持ちがよさそう」，完全就像是在说别人的事一样，很奇怪）。

7．本もたくさんあります。
→蔵書数もとても多く、学生だけでなく先生方も利用されています/藏书也很多，不仅是学生老师也经常使用图书馆。（图书馆里有很多书是理所当然的。要是有藏书数的数据，一并告诉对方的话，对方也会很高兴吧）。

8．鈴木さん、あっちへ行くとスーパーがあります。行きましょうね。
→鈴木さん、あちらにスーパーがあるのですが、中国のスーパーをご覧になられるのはいかがでしょうか/铃木小姐（先生），那边有个超市，参观一下中国的超市怎样？（「行きましょうね」多少有点太强制对方，要注意使用能让对方产生兴趣的说法）。

9．日本人と比べると中国人の偉い人のほうが若いですね。

→中国の代表は割りと若い方が多いとよくいわれているようです/经常有人说中国的领导中有很多是年轻人。（对那些超越常人，处于顶端的人是不会直接使用「偉い人」的说法的。根据场合的不同，分开使用「代表」「トップ」「管理職」「オーナー」这些词。同时，「お偉いさん」这样的说法是把对方当成笨蛋了，绝对不能使用）。

10. 料理が熱いときに食べてください。

    →料理が来ましたので、温かいうちにぜひお召し上がりください/菜已经做好了，请您趁热起筷吧。（不是说「食べる」，而是说「召し上がる」的话，应该会被认为日本说得很好吧）。

11. 日本人はどうして生のものが好きですか。体に悪いんじゃないか。

    →日本人の方は普段もよく生ものを召し上がるんですか/日本人经常吃生的食物吗？（被问「どうして」的时候，日本人经常会答不上来。「〜じゃないか」也是最失礼的，很多人都有过使用这个说法导致失败的经验，绝对不能使用。除了男性，特别是上司对下属使用这些情况，谁都不会经常使用，特别是女性要注意这一点）。

12. この肉も食べましょう。どうぞ。

    →こちらは鴨のお肉ですが、鈴木さんいかがですか/这是鸭肉，铃木小姐(先生)尝一下吗？（要是被说「食べましょう」，被招待的那一方很难拒绝。问对方「〜はいかがですか」，会显得比较亲切）。

13. 日本人はどうしてすぐすみませんといいますか。悪いことは何もないですね。

    →日本人の方は大変遠慮深いと先生にお聞きしましたが、ご遠慮なさらずにお好きなものを取って召し上がってください/听老师说，日本人总是非常客气。请您不要客气，尽情的享用您喜欢的食物。（要是想问日本为什么马上就说「すみません」，对日本人的言行有疑问的时候，要分场合）。

14. 体に悪いですね。

    →おそらく習慣がないですし、体によくないと言う人も多いんです/一是没有这样的习惯，还有很多人说对身体也不太好。（要是没有确切的证据的话，就不能一概而论说对身体不好，要记住接待客人的时候要谈论让人心情平静的话题）。

15. 清潔じゃありませんから。それに温かいほうがおいしいです。

    →衛生的ではないと考えている人も多いようです。それに中国人はやはり温かい料理を食べる習慣もありますので/好像有很多人都觉得不是很卫生。而且中国人还是有吃热的食物的习惯的。（不要经常使用贬低对方（对方国家）的表达方式）。

第十三课　介绍朋友

【错例解析】

1. ちょっと約束の時間より早く来たんですね。
　　→ちょっと約束の時間より早く到着されたようです/好像比约定的时间要早到了一点呢（「来たんですね」这样的说法明显就很奇怪，应当好好地使用像「到着されたようです」这样的敬语。）

2. じゃ、ちょっと失礼。
　　→では、申しわけありませんが、ちょっと失礼します/那么，非常抱歉，我就先告辞了（「じゃ」这个说法是很不礼貌的，应当使用「申し訳ありませんが」这样委婉拒绝的说法是常识。）

3. 遠慮しないで入ってください。
　　→ご遠慮なさらず、どうぞお入りください/请您不要客气进来吧（「遠慮しないで」和「入ってください」都是直接的表达方式，把它们改成敬语的形式以后才对客人使用才是礼貌的。）

4. この人は田中洋子さんです。
　　→こちらは、田中洋子さんとおっしゃいます/这位是田中洋子小姐（介绍别人的时候，当然要使用「こちらは」。比起「…さんです」，「…さんとおっしゃいます」要更郑重一点。）

5. ご主人は日本の貿易会社の広州支社で働いています。
　　→ご主人は、日本の貿易会社の広州支社で働いていらっしゃいます/丈夫在日本贸易公司的广州分公司工作（并不是「います」，在这个场合下，用「いらっしゃいます」这样的敬语比较合适。）

6. 渡辺さんは華道の先生で、生け花を教えています。
　　→渡辺さんは華道の先生で、生け花を教えていらっしゃいます。生け花教室を開かれています/渡边小姐是花道的老师，教授插花。正在开办插花班（「教えています」太直接了，在这里不能使用。「いらっしゃいます」或是「開かれています」这样的敬语会比较好。）

7. でも面白いです。
　　→確かに生け花は見ていて面白そうだと感じます/确实，看着插花会觉得很有趣（「で

も、面白いです」这个说法不太能够表达得清楚意思。应当像「面白そうだと感じます」这样清楚地表达自己的想法会比较好。）

8. 勉強したらどうですか。
   →勉強されてみてはいかがですか/您觉得学习一下如何（「したらどうですか」这种说法会变成对人的强迫。你如果尊重对方的意见的话，「してみてはいかがですか」会比较合适。）

9. 私もやりたいです。
   →私もぜひ挑戦してみたいです。/我也想挑战一下。（「私もやりたい」是小孩子的说法，对对方不含有敬意，只是在叙说自己的意见，加上「ぜひ」、「参加させていただきたい」这些说法会比较好。）

10. 渡辺さんは、中国の人たちに日本文化を伝えたいと考えて、生け花を教えているんですよ。
    →渡辺さんは、中国の人たちに日本文化を伝えたいとお考えになり、それで生け花を教えていらっしゃるんです/渡边小姐是抱着向中国人民传播日本文化的想法才开始教授插花的（「考えて」和「いるんですよ」要是不改成敬语的形式的话，自己就会变成比渡边小姐高的上级，需要注意。）

11. 日本文化をいろいろ教えてくれた忘れられない先生がいました。
    →日本文化をいろいろ教えてくださった先生のことが忘れられません。/有一位教了很多日本文化知识给我，让我终身难忘的老师（把「教えてくれた」这部分改成敬语，就能表达出对这位老师的尊敬，要避免太直接的表达方式。）

12. 非常に中国の文化が好きでした。
    →中国の文化がとってもお好きでした/非常热爱中国的文化（比起「好きでした」，对着长辈，「お好きでした」是比较合适的表达方式。）「非常に」是书面用语。

13. 日本文化と中国文化の関係について話してくれたり、
    →日本文化と中国文化について話してくださったり、/给我们介绍了日本文化和中国文化（把「くれたり」改成「くださったり」就是敬语，对长辈必须使用这样的说法。）

14. 私によく日本料理を作ってくれたり、私が中国の料理を作って、先生が私の料理を食べることもよくありました。
    →私によく日本料理を作ってくださったり、私が中国の料理をお作りして、先生に差し上げることもよくありました。/有时给我做日本料理，有时我做中国料理给渡边小姐品尝（「くださる」、「お作りする」、「召し上がる」这3个都是敬语，但是「お作りする」是自谦的说法，是对长辈说话时的使用的说法。）

15. 渡辺さんが華道の紹介をするそうです。
    →渡辺さんが華道の紹介をしてくださるそうです/渡边小姐据说将要给我们介绍花道（「するそうです」这个说法不含有敬意，使用「してくださる」这样的敬语来表达是

常识。)

第十四课 送别

【错例解析】

1. 難しいですよ。
   →とても無理です/实在是不行啊（「易しい」是「難しい」相反的意思，但是要表达「自己不是很擅长，不能做得很好」的时候，要用「無理」。「難しい」也含有「都合が悪い」注意的意思，需要注意）。

2. 私は挨拶をします。
   →それでは、私からご挨拶させていただきます/那么，就让我来说几句（并不是「する」，而是「させていただきます」）。

3. 先生をしてあげましたが。
   →先生としてお付き合いさせていただきましたが/作为老师与其相识（自己对对方做「してあげる」的动作，对方应该是自己的后辈。因为自己给洋子小姐教授日语，自己是老师＝无论是从上下级的角度看，还是从社会地位的角度看，当然洋子小姐处于上风。为这样的对象致辞的时候，应该使用最郑重的表达方式。「教えてあげた」「〜やってあげた」也不能用。「お付き合い」是范围很广的表达方式，很好用，日本人经常使用）。

4. いろいろもらいました。
   →いろいろなことを教えていただきました/教会了我很多东西（只是用「もらう」的话，听起来像是收到什么东西一样。「していただいた」也可以，对着年长的人后面接「教えていただいた」会比较合适）。

5. 連れて行ったり。
   →連れて行っていただいたり/带我去了很多地方游玩（「連れて行く」是自己带别人游玩的时候使用的。要郑重地表达对方为自己做的事的时候，用谦逊语「いただいた」会比较好）。

6. おごってくれたこと。
   →ご馳走していただいたりしたこと/请我吃饭（像「おごる」→「ご馳走する」→「ご馳走していただく」这样经常变化最好。）

7. うまくできますように。

→何事も順調にすすみますように/万事顺利（「うまくできる」给人的感觉就像是大人看到小孩子的行动说「よくできました」那样。「うまくいく」不能年长的人使用）。

8. お願いします。

→願っております/衷心期盼（「お願い」是自己要拜托对方做事的时候用的表达方式，「願う」含有希望对方「そうあってほしい、そうなってほしい」的意思）。

9. ずっと体に気をつけて。

→お体にはくれぐれもお気をつけて/请多多注意身体（「お体にはくれぐれもお気をつけください」可以说得上是约定俗成的句子。不仅是口语，经常被作为书信、邮件的最后的寒暄语使用）。

10. 祈りして。

→心よりお祈り申し上げて/衷心期盼（把「祈る」改成「お祈りする」的郑重的形式，再添上「心から」「心より」的话会变得意味深长。用通常的て形「祈って」的话，不够郑重）。

11. 友達だから。

→そんなことおっしゃらないでください/不要这么客气的话（特别地强调双方是朋友的说法是受了中文的影响。在日语里没有这样的表达方式，对方要是用客气的表达方式的话，一般自己也会客气地回答）。

12. チャンスがあったら。

→ぜひまた/一定（对着不太熟的人或是第一次见面的人说「チャンスがあったらまたきてください」并不奇怪，但是在熟人间也这么说的话会很奇怪。表现如果想要对方再来，用「ぜひ」「絶対」这些说法就会很亲切）。

13. いつでも大歓迎しますよ。

→お待ちしています/我会一直等候着（「大歓迎」在这里显得太随意了，对年长的田中夫妇使用的话，不太合适。坦率地说「お待ちしています」能让人更有好感）。

14. たぶんだいじょうぶ。

→はい、もちろんお返事します/当然会回复（对方会给你发邮件并希望得到你的回复的时候，说「だいじょうぶ」是很不礼貌的。应当向对方表达自己也想发邮件的意愿）。

15. じゃまたね。

→お世話になりました/谢谢你们一直以来的帮助（无论是多么熟的朋友，在机场送别时候也一定要好好地跟人道别。这时候说「お世話になりました」「ありがとうございました」会比较合适）。

附录二　对话范例

第一课　访问日本人家庭

【对话范例】

在玄关

洋子：啊，小李，欢迎欢迎。

小李：您好。

洋子：这是我丈夫。

小李：你好，初次见面，我是小李。一直承蒙洋子小姐的关照。

田中：你好，初次见面，我叫田中。我夫人才是一直承蒙你的关照呢。

小李：哪里哪里，我才是。

田中：真的很高兴你来做客。我常从内人那儿听说你的事，一直都很想跟你见面。

小李：这是我从家乡带来的点心，小小心意请你们品尝一下吧。

洋子：你真是客气啊。来，到屋里来吧。穿这个拖鞋。

小李：这拖鞋真好看，直接穿可以吗？

洋子：嗯，就那样穿着可以了。来，请进。

小李：那么我就打扰了。

在客厅

田中：请到这边来。

洋子：请你随意。

小李：田中先生的房子整理得很整齐，真漂亮啊。我的房间很乱，真的很惭愧。

洋子：要喝咖啡还是红茶呢？也有日本茶哦。

小李：麻烦给我日本茶吧。

洋子：中国人喜欢喝日本茶，很让人高兴呢。

小李：我对日本文化有一点兴趣。

田中：是吗?说起来，我夫人的中文有进步一些吗?

小李：有，发音比以前好了。洋子小姐很努力呢。

道别

小李：时间差不多了，我该告辞了。

洋子：再多坐一会儿吧。

小李：今天玩得很高兴，真的非常感谢。

洋子：没什么好东西来招待你。

小李：那我先走了。

洋子：以后再来玩啊。

小李：好的，以后再来打扰您了。

田中：下次让你也尝尝日本料理吧。

小李：谢谢。

洋子：是啊，我知道一些好吃的日本料理餐厅，下次带你去。

小李：我很期待。今天打扰你们很长时间了。

第二课　日本餐厅

【对话范例】

店员：欢迎光临。请问是几位呢?

洋子：两个人。

店员：这边请。

洋子：啊，这里好凉快，让人觉得很舒服。我们就坐这里吧。

小李：是啊，可是那边的桌子要大一点哦。

洋子：啊，是啊，那就坐那里吧。

点菜

店员：欢迎光临。来点什么吗？

洋子：今天就请尽情地点喜欢吃的东西吧。

小李：好，谢谢。还是请洋子小姐你来定吧。

洋子：小李是比较喜欢吃鱼还是肉？

小李：嗯~说起来，我比较喜欢鱼肉，洋子小姐觉得呢？

洋子：这样啊。（对着店员）今天的招牌菜是什么？

店员：是生鱼片拼盘

洋子：那我们要一份生鱼片拼盘。小李，还有什么想吃的吗？

小李：嗯~我想试试天妇罗。但是我对日本菜不是很了解，请你来定吧。

抱怨

店员：这是烤鸡肉串拼盘。

小李：不好意思，我想我们点的是生鱼片的拼盘。

店员：………

小李：我们点的不是鸡肉串拼盘。

店员：非常抱歉，我马上去确认一下。

（20分钟以后）

洋子：不好意思，我们点的天妇罗还没好吗？

店员：让您久等了，非常抱歉。我马上去确认。

店员：真的是非常抱歉，由于我们的失误，现在我们马上给您做这道菜，您还需要再等待20分钟左右。

小李：诶，现在才开始做？我们都快吃完了。

店员：真是非常抱歉。

结账

洋子：你觉得日本菜怎么样？

小李：全都很好吃，谢谢您的款待。

洋子：麻烦结账。

店员：非常感谢您，请稍等。

小李：今天承蒙您的款待，非常感谢。我很开心，下次请让我来请客吧。我想跟你一起去试试一间店的菜，是一间吃广州菜的饭店。

洋子：谢谢，我很期待。

第三课　学做中国菜

洋子：今天会做什么样的菜？

小李：是糖醋里脊，不知道合不合洋子小姐的口味？

洋子：哇，小李会做糖醋里脊？好厉害啊。

小李：刚开始的时候是挺难的，现在比较习惯做了。

洋子：那么快点教我吧。

小李：好。你在那边等着吧。

洋子：到底是怎么做的，我十分期待。

小李：那我们就开始吧。首先，把猪肉和淀粉一起掺和。往锅里铺撒一层油，等油热了之后，把猪肉放入，开小火炸3分钟左右。炸猪肉的另一边，把青椒、洋葱和菠萝等材料切成小块，并混合好以备用。

洋子：猪肉要切成多大块呢？

小李：根据自己喜好的大小切就可以了。

洋子：切成一口可以吃下的大小也可以吗？

小李：还是不要切得太大块，太大的话，用油炸的时候可能会不熟。

（做菜中）

小李：材料就是这些，首先给猪肉调味。一般用绍兴酒。

洋子：如果家里没有绍兴酒怎么办呢？

小李：如果没有绍兴酒的话可以用白酒或者日本酒。然后，往蛋白上撒少量的酱油和芝麻油。这里，有时候也会撒些盐或胡椒。

洋子：如果那样的话一般日本的每个家庭里都有的。

小李：接着给肉添加淀粉，用油去炸。炸之前，要添加淀粉，然后让其炸酥。胡萝卜用微波炉热一下即可。在油里加入一些蒜，稍微热一下，接着把其他蔬菜放入一起炒。来试试吧。现在开始……

（餐桌上）

洋子：小李，辛苦你了。哇，看起来很好吃的样子。

小李：不知道合不合您的口味。起筷吧。

洋子：那我不客气了。在中国能吃上地道的糖醋里脊很高兴啊。啊，真好吃。小李就像个厨师啊。

小李：哈哈，哪里、哪里，以后还要学习更多关于做菜的东西。现在开始是关键的地方。要准备糖醋里脊的调味料。材料是糖，盐，醋和酱油。

洋子：很好吃的样子。没想到能吃上正宗的糖醋里脊。

小李：趁着肉还热的时候吃，是最好吃的。

洋子：在做这道菜的时候，有哪些需要注意的地方？

小李：嗯，在切洋葱的时候，先把它分成一半或者四分之一，然后一个一个地剥，尽量把它切成同样大小。不能唰唰地切得太随便。另外，不放点竹笋的话会没那么好吃。

洋子：真不愧是小李啊。地道的中国菜！

小李：千万别那么说。妈妈说我还要多学学。下次换洋子小姐来教我日本菜的做法吧。

第四课　探病

【对话范例】

①

小李：喂~洋子小姐，你好。

洋子：你好，小李。突然有些急事，明天的中文课能不能暂停一下？

小李：哦~这样啊……洋子小姐，发生什么事了吗？声音听起来没什么精神啊……

洋子：我先生他昨天突然生病住院了。

小李：啊，住院啦？情况如何，田中先生他？

洋子：可能是还没适应这边的气候，感冒了还强忍着，夜里发烧烧到40多度。去医院以后，说是肺炎，需要住院。

小李：原来是这样啊，那真是太糟糕了。洋子小姐，你一定觉得很不安吧。但是肺炎的话，只要吃了药好好休息就会好的。方便去探望吗？

洋子：谢谢你，小李。我现在在医院，如果你方便的话……

小李：说什么麻烦……完全没有这样的事。请问在哪里住院呢？

洋子：中山大学附属医院内科一栋203室。

②

小李：田中先生，您好。感觉怎样了？

田中：啊，小李。害你特意过来..真是不好意思。托你的福，已经好很多了。

洋子：烧已经退了，医生说已经没有什么好担心了。

小李：那真是太好了。打电话的时候，听说你住院了，我真是大吃一惊。患了感冒还强忍着……这个……小小意思，不成敬意。

洋子：啊，好漂亮的花，真是不好意思。小李，让你费心了……

田中：工作太忙了，都没有什么时间休息……

小李：真是太辛苦了……您工作也许是太忙了吧。这里的气候和日本也不一样。请您好好地休息。洋子小姐也应该累了吧，不要太操劳了。

洋子：好，谢谢，小李。

小李：差不多该走了，祝您早日康复。

田中：今天真是太感谢你了，小李。

洋子：小李，路上小心。

小李：田中先生，请多保重。洋子小姐，下次再联系。

第五课　温泉旅行

【对话范例】

小　王：欢迎光临，请坐。

洋　子：好的。下个月的连休假期里想两个人去温泉，现在还能预定到旅馆吗？

小　王：连休假期吗？不好意思，有名的温泉场所都满人了。

小　李：不那么有名的也可以，有没有能够住宿的地方呢？

小　王：我来查一查，请问有什么要求吗？

小　李：嗯，可以的话，如果是坐巴士1、2个小时可以到，并且景色优美的地方就好了。

小　王：好的。那么，您的预算是多少？

小　李：两天一夜的话，嗯……每人上限300元左右吧。

小　王：好的，我明白了。请稍等。

（查找方案后）

小　王：让您久等了。这有一个正好合适的方案，住宿、伙食和交通费包含在内的包干旅游，共298元，还可以预约。

小　李：这个不错。

洋　子：地点是在哪里呢？

小　王：广东省从化。坐巴士一个半小时左右可以到达。

洋　子：那很方便啊。

小　王：另外，旅馆虽然不大，但是温泉的旁边就是河，十分美丽的地方。

小　李：那挺好啊。洋子小姐，不如就选那里吧。

洋　子：那我们就选那里了。

小　王：谢谢您的惠顾。那么，我为您预约。○月○日，两人，从化温泉两天一日游，住宿、伙食和交通费包括在内总共是298元。

洋　子：对了，在中国泡温泉时有什么需要注意的事情吗？

小　王：和日本不同，在中国泡温泉时是穿着泳衣的。

洋　子：穿泳衣吗？感觉有点奇怪……

小　李：在日本不穿泳衣的吗？一丝不挂地很难为情啊！

第六课　游览家乡

【对话范例】

（出发前）

小李：洋子小姐，周末我想回一趟家乡，请您允许我请假好吗？

洋子：啊~这样啊。小李你的家乡是广东省的沿海城市吧。

小李：是的，叫汕头。

洋子：从这里出发要花多长时间？

小李：坐长途汽车的话要花5个小时左右。

洋子：这样啊。汕头是个怎样的城市呢？

小李：是广东省的沿海城市，距广州以北400公里的地方。离海很近，景色也很美呢。

洋子：哇，海啊…好想去啊。

小李：如果您有空的话，一起回去吧，怎样？这个周末有时间吗？

洋子：诶，可以吗？好，我没有问题。我非常期待。

（在当地）

洋子：哇，看得到海。椰子树有这么多，和广州真是很不一样呢。

小李：是啊。广州是大城市总是节奏很快，但这里的生活很悠闲。

洋子：小李，汕头真是个好地方呢。和我的家乡景色完全不一样，心情能完全放松。

小李：洋子小姐的家乡不是在城市吗？

洋子：是啊，我的家乡在长野县，那里没有海。取而代之的是山都很美。

小李：长野？曾经是冬季奥运会的主办地吧。洋子小姐的家乡一定有很多有名的景点吧，这里相对来说比较少有名的旅游景点，但是和大城市完全不一样，心灵能够得到治愈。只要在海边游玩或是远眺大海，心情就会变得非常舒畅。

洋子：但是，肯定有这个地方独特的文化吧。能给我介绍一下汕头的风俗习惯和特产吗？海鲜好像很有名吧。

小李：在汕头，有叫做"功夫茶"的传统茶艺。

洋子：茶艺？在日本也有茶道，它们相似吗？

小李：日本茶道的规矩好像有不少，很繁复呢。和茶道相比，功夫茶更贴近日常生活，汕头和潮州都有这个风俗习惯。喝功夫茶的时候，会一起吃绿豆饼。"绿豆饼"虽然是被叫做"饼"，但却是和日本的年糕是完全不一样的烤点心。

洋子：这样啊。待会儿能够让我看看吗？还有海鲜也好像很不错，我很期待。

小李：请您一定要好好尝尝。那么洋子小姐，我们走吧。这里有非常有名的潮州陶器，爸爸说一定要把这个有潮州地方特色的传统陶器交给洋子小姐。还说挑选了上好的陶器了。

洋子：这么贵重的东西，太过意不去了。请不要那么客气。

小李：爸爸说非常希望洋子小姐能够把它带回日本。

洋子：谢谢，有这份心意就足够了。

小李：请不要这么说，请一定要带回去。

洋子：能够跟你的父亲转达我的谢意吗？

小李：这样啊，我明白了。

洋子：今天你能带我到处游览，非常感谢。

小李：洋子小姐能够来，我真是非常高兴。如果合适的话，请您下次一定要再来。

第七课 留学签证和海关

【对话范例】

（第二天在大使馆）

小李：申请签证的窗口在哪儿呢？

洋子：那边有很多外国人在排队，到那儿问问看吧。

小李：请问，这里是申请签证的窗口吗？

职员：是申请日本签证吧。这里是领取签证的窗口，申请的话请上2楼。

洋子：应该去2楼的哪一个窗口呢？

职员：上2楼以后，可以看到很大的"申请签证"的提示，请到那里去。

小李：好的。

洋子：申请签证的地点，还真有点繁琐啊。

小李：是啊，但好在职员态度还挺亲切的。而且洋子小姐也一起来了，没问题的。

洋子：手续也是相当繁琐，办理不太顺利吖。

小李：但是洋子小姐来了，真的帮了不少。

（2楼）

洋子：哎，小李，那边有很个很大的申请签证的提示哦。

小李：是啊。这次很快就找到了呢。

职员：是申请日本签证吗？

小李：是的。

职员：那么，请填写申请表里的必需事项。

小李：好的，但是我不太懂要怎么填。

职员：那边的桌子上有范本，请参考一下。

小李：好的，知道了。

洋子：是那边的桌子，有很多外国人在填写申请表呢。那里有范本，你到那里写会比较方便。

小李：那我先去看看范本。

（填好申请表后）

洋子：填好后，好像要拿着申请表和护照到刚才的窗口去。

小李：哇，已经有很多人在排着队了。刚才还没有那么多人的。

洋子：最近中国的经济发展了，人们的生活水平也提高了，中国人到国外的机会也多了。来，快点排队吧。

小李：好像必须等很久的样子啊。

（轮号）

洋子：小李，最右边的窗口没有人哦，快点、快点。

小李：好的。

职员：是申请签证吧。请提交您的申请表、护照和照片。

小李：好的。

职员：照片需要两张，您只有一张吗？

洋子：你只带了一张来吗？

小李：不好意思。只带了一张可以吗？

洋子：不好意思，照片以后再带过来，能通融一下吗？

职员：对不起，这是规定。这样吧，1楼的正门旁边有照相的服务，可以今天之内到那里去拍照。

小李：请问，拍了照片以后，可以不重新排队吗？

职员：只要交一张照片，不排队也没问题。

小李：谢谢。想到要重新排这么长的队，挺可怕的。

职员：还没有盖章吧。请在这个空白栏里盖章吧。

小李：盖章？今天我没有带印章来啊。

职员：那么摁指印也可以。

小李：指印吗……签名可以吗？

（签名之后）

职员：麻烦您了。请一周之后前来领取。领取的时候请记得带上这张收据。领取地点在1楼窗口。然后，请记得带一张照片过来。

小李：不好意思，麻烦你了。

洋子：谢谢。

[（进入日本过境）成田机场、海关]

入境检查员：请出示您的护照。

小　　李：好的

入境检查员：嗯……今天是从中国来的吧。

小　　李：是的。

入境检查员：有什么需要申报的物品吗？

小　　李：没有。

入境检查员：这是全部的行李吗？

小　　李：是的，全部。

入境检查员：那么，能请你打开一下下面的那个大的行李箱吗？

小　　李：好的。

入境检查员：这是什么？

小　　李：那是荔枝。

入境检查员：这种水果按照法律是不允许携带进入日本国境的。

小　　李：这样啊。但是，这种水果非常贵，我好不容易买来的。不能通融一下吗？

入境检查员：不行。虽然很明白您的心情，但还是不能携带入境。

小　　李：真的不能通融一下吗？

入境检查员：不能做违法的事情，这个水果要没收的。

小　　　李：如果真的无论如何都不行的话，我只好放弃了。很抱歉刚才提出的无理要求。
入境检查员：没关系。以后请多加注意。

第八课　情感天地

【对话范例】

「打电话」
小李：喂~，是样子小姐吗？突然打电话给你，非常抱歉。
洋子：啊~小李，发生什么事了吗？
小李：其实是有点无聊的事……我和男朋友吵架了。
洋子：啊~小李你有男朋友啊？对不起，我一直都不知道。
小李：哪里哪里，我正在交往的是一个日本男生。如果方便的话，我想和你见面聊一下。
洋子：那我们3点钟在之前的那家咖啡屋见吧。
小李：我明白了。那么稍后见，再见。

「在咖啡屋」
洋子：对不起，我迟到了。
小李：因为这点小事让你特意出来，真是很抱歉。
洋子：快说，小李你的男朋友是个怎样的人？
小李：他比我要高，有点瘦。长相没有什么特征，圆脸，好像是被太阳晒过的古铜色。他是个特别细心的人，但有不顺心的事情的时候，也会发脾气。
洋子：我好想见一下呢。
小李：下次请让我介绍给你认识吧。
洋子：你说吵架了，到底是怎么回事？
小李：洋子小姐，都说日本人都很守时是吧。昨天和他约好一起去看电影，但因为忘了东西而回了一趟家，比约好的时间晚了一点才到。后来，他就越来越不高兴了。即使我解释了迟到的原因，他也不能理解。结果，两个人就吵架了。
洋子：原来是发生了这样的事啊。小李你迟到的时候，跟他道歉了吗？
小李：因为我觉得不是什么大事，就没有向他道歉了。后来打电话给他，他也不接。
洋子：日本人总是被教导「亲密也要有礼有节」。家里人或是恋人之间，只要是觉得自己不对

的话，都有向对方道歉的习惯。

小李：是这样啊？反之，在中国没有对自己的亲人道谢的习惯。

洋子：但是两个人是在不同的环境中的长大的，如果双方都不让步的话…再试着和他好好的谈谈，怎样？

小李：是啊，明天我再好好的和他谈谈。和洋子小姐聊完之后，我也有了自信。今天你能够听我倾诉，非常感谢。托你的福，我的心情好了很多。

洋子：太好了。小李是个很善解人意的人，一定能够顺利地走下去的。要相信自己。

第九课　商务电话

【对话范例】

职员：您好。这里是JCT.

小李：你好，我是广东外语外贸大学的小李。想打听一下关于兼职的事情，请恕我冒昧，佐藤先生在吗？

职员：佐藤先生吗，请稍等。

小李：好的。

佐藤：你好，我是佐藤。

小李：佐藤先生吗，突然给您电话真不好意思。我是广东外语外贸大学的小李，是田中先生介绍来的，想问一下关于兼职的事情……

佐藤：哦，李同学啊。你好，从田中先生那儿听说过你了。

小李：谢谢。听说贵公司在招聘兼职人员。

佐藤：是的。简单地说，工作内容主要是给从日本来的观光客介绍中国的景点。所以需要会说日语的人。

小李：这样啊，现在我正在广东外语外贸大学学习日语。在读二年级，请问我能帮到什么吗？

佐藤：我们见一次面，再详细谈吧。这周什么时候有空？

小李：这周星期四下午没有课，那个时候可以吗？

佐藤：星期四下午，好的，那星期四下午2点能来公司一趟吗？

小李：好的，我明白了。星期四下午2点我会过去的。需要带什么东西去吗？

佐藤：嗯，带上简历吧。或者可以用电子邮件发过来。

小李：好的。星期四我会带简历过去。
佐藤：那么星期四见吧。再见。
小李：感谢您百忙之中抽出时间。麻烦您了。

②

小李：田中先生吗？我是您帮忙介绍兼职的小李。
田中：哦，小李。你好。
小李：之前给我介绍兼职，真的很感谢。很快地给佐藤先生打了电话。
田中：不错啊。面试怎么样了？
小李：面试时这周的星期四下午。想和田中先生汇报一下……
田中：小李绝对没问题的。日语学得好，也擅于和日本人沟通。
小李：哪里，还需要多多学习。面试结束后再联系您。真的很感谢您的介绍。面试我会努力的，那么，再见。
田中：加油，再见。

第十课　面试

【对话范例】

（敲门声）

高桥部长：请进。
小　　李：打扰了。
部　　长：是李吧，请坐。
小　　李：好的。

（坐下）

部　　长：那么，下面我就开始问几个问题，请你回答一下。
小　　李：好的。麻烦您了。
部　　长：你为什么想要进入我们公司呢？
小　　李：贵公司是一家很有名的公司。在业界颇具影响力，对社会作出了巨大贡献。并且，对世界经济发展也持有重大的影响力。
部　　长：你觉得我们公司有什么样的魅力呢？
小　　李：贵公司对于人们的生活来说是不可或缺的。不仅如此，贵公司给社会培养了众多优

秀的人才。另外，贵公司对志愿采取宽容的态度和宽松的政策，给职员提供了舒适的工作空间。

部　　长：还有其他吗？

小　　李：现在广州有很多日企，听说贵公司是汽车行业里知名度最高、十分重视员工的企业。如果可以的话希望能在此担任口译的工作。

部　　长：原来如此。你是想应聘口译职位，对吧。下面是关于你自身的一些问题。简历上你写着自己性格开朗，你的朋友也是这么认为吗？

小　　李：是的。朋友说我比较健谈，我是属于不怕生、积极主动地跟人攀谈的人。

部　　长：那么，不太会有情绪低落的时候吗？

小　　李：有时候有。但是很快会重新振作起来。

部　　长：你的兴趣是什么？为什么会对它那么关注？

小　　李：我的兴趣有很多。其中特别喜欢画画、鉴赏电影等作品。通过兴趣，更加了解外国文化、捕捉日本的美感。贵公司的文化交流理念和我个人的理念是共通的。

部　　长：如果有参加兼职或者志愿者活动的经验，请跟我讲一下。

小　　李：从一年级开始在云山咖啡屋做过兼职。通过服务员的工作，自己学习到了服务客人的精神。
比如，对待工作的态度、团结和运用能力、察言观色的能力等等，对各种事情都加深了自己的理解。

部　　长：结婚后还打算继续工作吗？

小　　李：不会因为结婚而放弃工作。即使结了婚，还是希望能追求自己的梦想，继续专注于工作。事业和家庭是可以兼顾的。

部　　长：如果你被聘用为我公司职员，你想如何为公司努力呢？我想听听你的抱负。

小　　李：从小我就对汽车感兴趣，对汽车制造业很感兴趣。贵公司秉持着重视社会发展的理念，宛如联系中国和日本、乃至日本和世界的桥梁。

部　　长：我明白了。现在开始，请你用3分钟来推荐你自己。

小　　李：好的。那么我就开始了。

（自我推荐结束）

部　　长：今天辛苦你了。

小　　李：谢谢。

部　　长：今天的面试结果会在下周星期一打电话通知你。

小　　李：好的，我知道了。如果来电的时候我正在上课的话，能劳烦你们隔段时间再打一次吗？

部　　长：好啊。如果当时正在上课的话，你可以稍后给我们电话。

小　　李：好的。今天非常感谢。

部　　长：谢谢你，辛苦了。
小　　李：那么我先告辞了。
（起立、低头行礼）

第十一课　生日派对

【对话范例】

（洋子小姐给小李打电话）
小李：我是小李。
洋子：我是田中。小李，现在方便讲电话吗？
小李：啊，洋子小姐啊。嗯，没问题。
洋子：小李，其实有件事想拜托你。
小李：嗯，什么事？
洋子：你是不是有一个姓陈的师姐？
小李：嗯，是的。
洋子：想找陈小姐说媒……
小李：说媒？什么是说媒？
洋子：说媒也就是相亲。你能帮我跟陈小姐转告一下相亲的事嘛？
小李：其实陈师姐也想要找个恋人啊。话说回来，对方是什么人？
洋子：是我丈夫的部下，冈田先生。
小李：啊，之前和冈田先生见过一次面。他的确是个温柔、敦厚的人。
洋子：正好陈小姐也想找恋人，你一定要帮我跟陈小姐转达啊。
小李：嗯，我知道了。我会跟她说的，日子定了之后，能麻烦您再联系我吗？
洋子：嗯，时间和地点也跟陈小姐商量之后再决定吧。
（相亲当天，餐馆里）
田中：这位是在我公司担当营业业务的属下，冈田健一。
冈田：你好，初次见面，我叫冈田。
洋子：你好，我是田中的妻子，洋子。
小李：你好，我是洋子小姐的中文教师，我姓李。今天让我来介绍一下在日企工作的师姐，陈小姐。

陈　：你好，初次见面，我姓陈。和你见面感到非常高兴。
田中：冈田是十分优秀的职员，对属下很照顾，是我们公司将来不可或缺的人才。
陈　：真是一位了不起的人啊。田中先生的兴趣爱好是什么？
冈田：我有很多爱好，经常观赏电影或者做做运动。
陈　：喜欢什么样的运动？
冈田：喜欢打羽毛球和网球。
陈　：我也喜欢打羽毛球。
冈田：那么下次我们一起打吧。
陈　：嗯，好的。
冈田：陈小姐喜欢什么样的食物？
陈　：只要是广东菜我什么都喜欢吃。日本菜的话喜欢土豆焖肉和咖喱。另外糖醋里脊也很好吃。无法忘记的味道。
冈田：咖喱可不是日本菜啊，哈哈哈。
陈　：啊，对呀。咖喱是印度菜。哈哈哈，我对于做咖喱饭很有自信。
冈田：真的吗？那么打完羽毛球以后，想尝一尝陈小姐做的咖喱呢。
陈　：哈哈哈。当然可以。来我家做客的话请你吃。但是，中国的男性很亲切，给女性做菜的男性很多啊。
冈田：啊，中国的男性都那样吗？说实话，我很不会做菜。
陈　：……。（沉默一会儿后）平时不做菜吗？
冈田：……。(沉默一会儿)
洋子：看来我们妨碍着他们的，下面你们两人就慢慢聊吧。我们先走了。
田中：是啊，我们先走吧。
小李：冈田先生，师姐最喜欢吃寿司了。那么，师姐加油！
陈　：哎呀，说什么加油啊。真是的。（假装生气）
冈田：那，陈小姐想喝点什么呢？
陈　：啊，是。不好意思，顾着说话都忘了要点喝的。
冈田：陈小姐是个挺有趣的人。
陈　：啊，刚才真是不好意思。下次再聊做菜的话题吧。
冈田：……。

第十二课　参观学校

【对话范例】

（在学校正门，铃木小姐（先生）从的士上下来）

铃木：我是从福冈来的铃木，你们是李同学和陈同学吗？

小李：是的，我是广东外语外贸大学的小李。铃木小姐（先生），初次见面，今天请允许我来担任您的翻译，请您多多指教。

小陈：铃木小姐（先生），欢迎您的到来。我叫小陈，请您多多指教。

铃木：初次见面，今天就拜托了。我完全不会说中文呢。

小李：由于正在学习当中，还有很多不足之处。但我会努力的，请您多多指教。

小陈：我打算先带您参观一下校园，然后再去宴会会场那里。您觉得如何？

铃木：好，那就拜托了。

小陈：这是第一教学楼，在5楼有日语系的办公室和研究室。

铃木：那也在这里上课吗？

小李：不是的，校园内一共有6栋教学楼，根据课程的不同也会相应的改变上课教室。

铃木：满眼绿色，真是让人心旷神怡的校园啊！

小陈：是啊，是啊，是个让人心旷神怡的校园。

小李：这是图书馆。由于很安静，来这里学习的学生有很多。藏书也很多，不仅是学生老师也经常使用图书馆。

小陈：铃木小姐（先生），那边有个超市，参观一下中国的超市怎样？

铃木：好，去看看吧。

（交流宴会）

铃木：为我召开如此盛大的宴会，我觉得非常感动。中方的负责人们如此年轻，我觉得非常惊讶。

小李：是啊，经常有人说中国的领导中有很多是年轻人。

小陈：铃木小姐（先生），菜已经做好了，请您趁热起筷吧。

铃木：好，谢谢。看起来很好吃的样子呢，那我就不客气了。

小陈：日本人经常吃生的食物吗？

铃木：是啊，由于日本被海包围着，从古时候开始就一直吃鱼。生鱼片要是不新鲜的话，是不能吃的，所以日本人都认为寿司是新鲜的食物。

小李：一般来说，中国人的生食只局限于水果和沙拉。铃木小姐（先生），这是鸭肉，尝一下吗？

铃木：啊，对不起，不小心拿了。

小陈：听老师说，日本人总是非常客气。请您不要客气，尽情的享用您喜欢的食物。

铃木：那么，在中国，大家都不怎么吃生的食物吗？

小李：一是没有这样的习惯，还有很多人说对身体也不太好。

小陈：好像有很多人都觉得不是很卫生，而且中国人还是习惯吃熟的食物的。

第十三课　介绍朋友

【对话范例】

（小李正在教中文…）

洋子：啊，已经这么晚啦。

小李：是啊，有不明白的地方吗？

洋子：呃…。

（叮咚）

小李：啊~对了。从今天起有个想学中文的人要来。好像比约定的时间要早来呢

洋子：请吧，没有关系。

小李：好，那失礼了。

（开门）

渡边：早上好。有点早到了，不好意思。打扰了。

小李：渡边小姐，早上好。请您不要客气进来吧。

现在刚好上一节课结束了。

让我来介绍一下。这位是田中洋子小姐。丈夫在日本贸易公司的广州分公司工作，一年前开始夫妻俩住在广州。

洋子：初次见面，我叫田中。一年前开始跟随小李学习中文。请多多指教。

小李：渡边小姐是具有教授资格的花道草月流的老师。在广州开办了插花课堂。

渡边：我是渡边。我才要请您多多指教呢。

小李：渡边小姐是抱着向中国人民传播日本文化的想法才开始教授插花的。

洋子：那真是太好了。不好意思，我对花道不是很了……。

渡边：有各种各样的流派，让人搞不清楚对吧。据说，现在包括了池坊、草月流、小原流、龙生派、花道远州在内，共有392个流派。

洋子：这样啊。这样说来，有位叫假屋崎省的花道家好像在日本很有人气呢。

渡边：是啊，正是这样最近有很多年轻人想学插花呢。

洋子：哇，我也想去参加渡边老师的课堂。

小李：听说渡边小姐要在日本领事馆主办的日本文化交流会上介绍花道呢。

渡边：是啊。如果方便的话，请一定过来。

洋子：啊，这样啊。我一定参加的。

　　　啊，已经这么晚了。那么，我就先告辞了。

渡边：那我们下次再会吧。

洋子：嗯，好。那么我告辞了。

李　：那么，洋子小姐，我再联系你。

洋子：好，再见。

第十四课　送别

【对话范例】

（送别会场的饭店）

渡边：让你们久等了。大家都准备好了吗？下面，让我们为祝愿田中夫妇在日本工作顺利和身体健康，干杯！

小李：干杯！

渡边：小李，你来说一句。

小李：（吓了一跳）啊？我的日语还说得不好，不行啊。

洋子：加油，小李的日语已经很好了哦。

小李：好，那么，就让我来说几句。田中先生，洋子小姐，这一年以来，十分感谢你们给予的帮助。我作为洋子小姐的中文教师和她相识，与其说是师生关系，还不如说作为人生

的前辈的田中夫妇教会了我许多东西。而且，还带我去了很多地方游玩，请我吃饭，真的是很高兴。谢谢你们了。衷心希望你们在日本的新生活能顺顺利利，然后，衷心祈愿在中国或者在日本我们能再次相见。请多多注意身体，由衷地希望你们今后更进一步、大展拳脚。谢谢大家。

洋子：今天为了我们举办一个这么棒的送别会，真的十分感谢。虽然和大家一起相处的时间很短，但是十分高兴。多亏了小李，我可以说一些中文了，也开始喜欢中国了。真的很感谢。

小李：哪里的话。那是因为洋子小姐学得快，十分努力的结果。

渡边：是啊，要是我也像洋子小姐那样能说中文就好了。

小李：如果是渡边老师的话肯定没问题的。

（在机场）

洋子：小李，昨晚谢谢了。今天又特意过来……

小李：没事，别说那么客气的话。

田中：要去办理登记手续了。

洋子：啊，对啊。

小李：还想多说一些呢。洋子小姐回去的话，会很想念你的。

洋子：我也是，和小李分开很难过啊。

田中：但这次并不是最后的离别啊。

洋子：说的对，还会再见面吧。

小李：嗯，一定。

洋子：暑假的时候一定要来日本玩啊。

小李：好的，期待日本的再会。田中先生也一定要再来中国玩啊，我会等着。

洋子：到了日本之后会给你发邮件，你有时间的话给我回复啊。

小李：好的，好的。当然会回复。

田中：小李，感谢你今天来给我们送机。替我们向渡边老师问好。

小李：好的，谢谢你们一直以来的帮助。

洋子：你也要保重啊。

小李：再见。

田中夫妇：再见。

编者简历

刘劲聪

广东外语外贸大学东方语言文化学院研究生工作办公室主任。

广东外语外贸大学东方语言文化学院日语系副教授。

日本国立福岛大学研究生院经济学硕士,东京的大型教育辅导机构（TOKYO LEGAL MIND K.K.）工作6年后回国,旅居日本15年。

2003年—2006年,日语能力测试广州地区总主考。

2004年—2006年,中国国费留学生日语口语测试广州地区总主考。

2003年—至今,广东省自学考试日语口语考试主考官。

2003年—至今,担任广东外语外贸大学东方语言文化学院日语系二年级的口语课程。

渡边 直子

广东外语外贸大学东方语言文化学院日语系老师。旅居中国14年,精通广东话。

日本独协大学法语系毕业后,于美术馆任职,后来华。

1995年起居住在广东省广州市内,长期在市内的大学及日语学校担任日本语老师。

以广州的有趣生活经历为蓝本,撰写散文,于2003年开始刊登连载在香港的日本人杂志《香港邮报》长达6年。

2007年起担任广东外语外贸大学东方语言文化学院日语系二年级的口语课程至今。

目前,广东外语外贸大学中国语言文化学院汉语国际教育硕士在读,主要研究中日词汇比较。

桥本 司

广东技术师范学院外国语学院日语老师。旅居中国7年。

2000年-2006在韩国首尔担任图书翻译,日语老师,教材录音等,2006年来华后,经过广东省深圳市　日语学校　语言老师,上海外国语大学附属外国语学校中学老师,2008年起居

住在广东省广州市。

2008年—2011年　广东外语外贸大学东方语言文化学院日语系日语老师。

2009年—2011年　广东外语外贸大学中国语言文化学院汉语国际教育硕士毕业，主要研究中日同形词偏误，获得硕士学位。

2011年—至今，担任 广东技术师范学院外国语学院日语系各年级的视听，口语，精读课程。

著作：《日语会话宝典》（著者・录音）香港/万里机构・万里书店 2010年8月。

野原　耕平

日本创价协会总部国际科翻译局中文翻译。旅居中国10年。

2000年3月，日本创价大学文学部外国语系汉语专业毕业。

2004年6月，于台北市私立中国文化大学哲学研究所学习东洋哲学，获得文学硕士学位。

2008年6月，于北京市中央民族大学哲学宗教学系学习宗教学博士课程，主要研究佛教思想，获得博士学位。

2008年—2009年，担任广东外语外贸大学东方语言文化学院二年级口语课程，三年级写作课程。

浅井　康子

广东外语外贸大学日语系日语老师，担任二年级的视听、口语课程。

东京福祉大学毕业，社会福祉・特殊支援教育专业。历任高中（社会科・福祉科）、专科学校、大学老师（儿童福祉论）。研究领域：词汇的发展和交流

2009年9月起旅居广东省广州市。

译者简历

李列珊

2006年—2010年，广东外语外贸大学东方语言文化学院日语系本科生。

2010年—2012年，广东外语外贸大学东方语言文化学院日语翻译研究方向硕士研究生。

2008年开始涉入日语笔译，内容包括文学类作品和商务相关资料等。

2009年开始涉入日语口译，曾担任过不同场合的即席翻译和同声传译。

2012年7月至今就职于SPG China公司，担任审计部的日语翻译兼总经理助理。

朱萍

2006年—2010年，广东外语外贸大学东方语言文化学院日语系本科生。

2010年—2012年，广东外语外贸大学东方语言文化学院日本文学研究方向硕士研究生。
2010年担任广州亚运会多语种翻译服务中心日语翻译。
2011年担任深圳世界大学生运动会新闻发布会日语翻译。
2012年担任亚冠联赛（恒大对东京FC）新闻发布会日语翻译。

插图作者简历

赵子禹

2010年，毕业于广东外语外贸大学东方语言文化学院日语专业。
2011年至今，广州美术学院美术教育系漫画专业在读研究生。